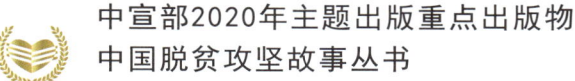

中宣部2020年主题出版重点出版物

中国脱贫攻坚故事丛书

中国脱贫攻坚

井冈山故事

国务院扶贫办　组织编写

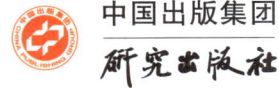

中国出版集团

研究出版社

图书在版编目（CIP）数据

中国脱贫攻坚．井冈山故事/国务院扶贫办
组织编写．－－北京：研究出版社，2020.11
ISBN 978-7-5199-0629-0

Ⅰ．①中… Ⅱ．①国… Ⅲ．①扶贫－工作经验－案例－
井冈山市 Ⅳ．① F126

中国版本图书馆 CIP 数据核字 (2019) 第 088114 号

中国脱贫攻坚　井冈山故事

ZHONGGUO TUOPIN GONGJIAN　JINGGANGSHAN GUSHI

国务院扶贫办　组织编写

责任编辑：寇颖丹

研究出版社 出版发行

（100011　北京市朝阳区安华里 504 号 A 座）

河北赛文印刷有限公司　　新华书店经销

2020 年 12 月第 1 版　2020 年 12 月北京第 1 次印刷
开本：787 毫米 × 1092 毫米 1/16　印张：11
字数：144 千字

ISBN 978－7－5199－0629－0　定价：45.00 元

邮购地址 100011　北京市朝阳区安华里 504 号 A 座
电话（010）64217619　64217612（发行中心）

"中国脱贫攻坚　井冈山故事"编审指导委员会

"中国脱贫攻坚故事"丛书编写工作组

骆艾荣　阎　艳　吕　方　李海金　陈　琦

刘　杰　袁　泉　梁　怡　孙晓岚

《中国脱贫攻坚　井冈山故事》编委会

主　　任： 刘　洪

副　主　任： 焦学军

执 行 主 任： 胡承国

执行副主任： 李群飞　兰胜华　谢飞跃

成　　员： 肖德渊　罗辰元　刘　新

"井冈红旗"大型雕塑雄伟壮美

革命老区井冈山旧貌换新颜。图为井冈茨坪晨曦

井冈山，一座"没有围墙的红色博物馆"，吸引了国内外的游客前来参观。图为游客在北山革命烈士陵园瞻仰缅怀革命先烈

在井冈山南山公园，"星火相传"主题雕塑雄伟矗立，激励着井冈儿女不忘初心，牢记使命，感恩奋进

目 录

CONTENTS

井冈路　通天下

为什么是井冈山？

井冈山，不高。井冈山地处湘赣边界、罗霄山脉中段，境内平均海拔381.5米，主要山峰海拔在千米以上，其境内主峰"五指峰"，气势磅礴，巍峨险峻，如五指擎天，海拔也不过1438米。在世界诸多高山险峰中，实在算不上前排位。

井冈山，很高。有人说，你在井冈山，能达到人生境界最高的地方，每座山峰都记忆着革命先烈的英魂。朱德元帅亲题井冈山为"天下第一山"。

山高人为峰。井冈山其山之高，有精神之高——"井冈山精神"；亦有道路之高——"井冈山道路"。

习近平总书记考察井冈山茅坪八角楼革命旧址群时指出，井冈山道路是马克思主义中国化的经典之作，从这里革命才走向成功。行程万里，不忘初心。

井冈山有一条名闻天下的小道，叫"挑粮小道"。这条位于黄洋界的小道，是当年毛泽东、朱德率领红军和边界群众为打破封锁，挑粮踩出来的。

这是一条没人走过的路。红军每天往返100余里，肩挑背驮把30多万斤粮食运上了井冈山。有一次，毛泽东和战士们挑粮途中，在一棵槲树下歇脚，主席问战士："站在这里，能看到什么地方？"战士们回答："能看到江西、湖南两省。"毛泽东一挥手，指向远方："应该看得更远，要看得更远，要看到全中国、全世界。我们挑粮上山，就是为了把中国革命进行到底。"

90多年前，历史的风云际会，聚焦点选择了井冈山。井冈山作出了回答。在革命先辈的率领下，中国革命经由这条极富喻义的井冈山"挑粮小道"，逢山开路，遇水架桥，在没有任何成功经验可借鉴的情况下，孕育了革命火种，历经艰难险阻，最终闯出了一条具有中国特色的社会主义康庄大道。可以说，中国革命所走过的路，闪烁着井冈道路的光辉。

　　又是井冈山！

　　90多年后，历史又一次选择了井冈山！作为一个革命老区、边远山区，又是连片贫困地区"三区叠加"的地区，从过去的"贫困样本"，到如今的"脱贫样本"，两个"样本"之间，同样是一条没有人走过的路。

　　2016年2月2日，习近平总书记亲临井冈山视察，殷切嘱托：井冈山要在脱贫攻坚中作示范、带好头！并强调：老区在全面建成小康社会的伟大征程中要同步前进，都要共同迈入小康社会，决不让一个贫困家庭和一个贫困群众掉队！的确，这样一个在新中国历史中占有独特地位的地方，能否脱离贫困，摘掉贫困"帽子"，与全国人民一道共同富裕，全面实现小康，意义非同一般。

　　井冈山人民牢记总书记的嘱托，发扬井冈山精神，奋力拼搏，勇于创新，再一次勇立潮头。一年后，2017年2月，井冈山老区人民用行动再次宣告：井冈山在全国率先脱贫摘帽！

　　由中国革命胜利的起点到贫困县脱贫摘帽的新起点，从革命之路到脱贫之路，"井冈山道路"书写了一条从无到有、实事求是、勇于创新的探索之路、艰险之路、成功之路。

　　井冈脱贫路，是坚定执着追求理想之路。井冈山斗争时期，毛泽东同志面对复杂的环境，始终坚持"思想建党"和"政治建军"，不断激发广大群众和红军官兵的阶级觉悟，强化革命者的理想信念。脱贫伟大实践，同样需要做到从思想上鼓舞人心，以"排头兵"的精神来唤醒群众、激发群众，坚定贫困群众战胜困难、摆脱困难的必胜信心和昂扬斗志。井冈山探索出了党建引领、精神引领、思想引领的立志脱贫之路。

井冈脱贫路，是实事求是闯新路之路。实事求是闯新路是井冈山精神的核心，它要求一切从实际出发，立足现实，大胆实践，敢于创新。井冈山正是本着因地制宜、实事求是的原则，坚持到农村去、扎根泥土。由此，"三卡识别"精准识别，"五个起来"精准施策，"四卡合一""三表公开"精准管理等一系列泥土芬芳十足、群众公认满意的"井冈扶贫创新法"应运而生。

井冈脱贫路，是艰苦奋斗攻难关之路。艰苦奋斗攻难关，是我党的取胜之道、传家之宝。贫困程度之深、脱贫难度之大，意味着井冈山更需要有啃硬骨头、攻坚拔寨的决心和毅力。井冈山探索了脱贫攻坚新"三大纪律""六项注意"，以铁的纪律、严的作风向贫困宣战、迎难而上，因而得到了最广大人民群众的真心拥护和支持。

井冈脱贫路，是依靠群众求胜利之路。井冈山斗争时期，党和红军官兵一切为了群众、一切依靠群众，"唤醒工农千百万"。新时期，脱贫攻坚更是一场气势恢宏的"人民战争"。井冈山始终坚持贫困群众的主体地位，坚持"志智双扶"、示范带动，走出了"三扶三不扶"的依靠群众、合力脱贫之路。

井冈脱贫路，是一条中国共产党人的初心之路，也是一条民心之路。当年，毛主席在井冈山提出"打土豪，分田地"，得了实惠的井冈山人民最早喊出了"共产党万岁"的口号。今天，习近平总书记在井冈山提出"脱贫致富奔小康"，率先进入小康的神山村贫困户彭夏英在自家门口悬挂着这样一副对联：翻身不忘共产党，脱贫感恩习主席。横批：共产党好！它道出了百姓的心声。

我们有理由相信：井冈山人民兴起的"精准脱贫"星星之火，必将掀起燎原之势！当年的"井冈梦"必将引领我们实现"中国梦"！

还是井冈山！

路，是人走出来的；黎明，总是和着奋斗者的足音而来。

这是一个值得欢庆的胜利，但胜利永远不是终点。从胜利不断地走向新的胜利，才是共产党人的永恒追求，才是井冈山故事永远的精神内核。

"率先脱贫摘帽不是我们的最终目标，让井冈老区人民过上更加幸福美好的生活，这才是我们的奋斗目标。"井冈山在率先脱贫摘帽的基础上，又提出了"率先奔小康"的目标，努力在脱贫致富奔小康的征程中继续作示范、带好头！

从"贫困样本"到"脱贫样本"，再到"率先小康"的提出，短短的几年时间，井冈山人要实现惊人的"三级跳"。

井冈脱贫路，不仅是属于中国的，也是属于世界的。这条路，于世界贫困人口最多的国度中率先诞生；这条路，于革命老区、边远山区、贫困地区"三区"叠加的艰难困苦中首先破土。我们坚信，精准扶贫路，井冈能，中国能，世界能！

井冈山，因革命而"老"，因脱贫而"新"！

井冈之路，注定是一条新路，一条不平凡的路！

请翻开井冈山脱贫故事，一起去探寻……

久有凌云志

——为什么是井冈山？

为什么是井冈山？

这里，铸就了特殊的地位；

这里，承载着历史的夙愿；

这里，寄托着深厚的情怀；

这里，许下了庄严的承诺；

这里，凝聚着磅礴的力量。

黄洋界纪念碑

第一节　初心之重

通往井冈山的路有三条：

一条叫过去，它的路碑写着"信仰"；

一条叫现在，它的路名写着"忠诚"；

一条叫未来，它的路标写着"希望"。

启程之地，仍然是那份不变的初心。

2016年2月2日，历史在这里又投下了一束无比深情的目光。中共中央总书记习近平，带着对老区人民的惦念和牵挂，带着中国共产党人的使命和担当，再一次踏上了这片孕育了理想、锻造了信仰、改变了命运、铸就了传奇的红土地。

在这里，他表达了共产党人行程万里，不忘初心，带领全国人民全面建成小康社会，实现共同富裕的坚定决心。

在这里，他寄予了"在扶贫的路上，不能落下一个贫困家庭，丢下一个贫困群众。井冈山要在脱贫攻坚中作示范、带好头"的殷切期望。

历史的契合点，总是那么意味深长。

1965年5月，毛泽东同志重上井冈山。一天，他出去散步，走到宾馆后面的小山坡，随行工作人员劝阻他："主席，前面没有路了。"毛泽东语重心长地说："我就不信没路的山，有山就有路，路是人走出来的。"

■ 这里是中国革命走向胜利的起点之地

井冈山，是中国革命的摇篮。90多年前，正是毛泽东、朱德等老一辈无产阶级革命家，在革命前途该何去何从之时，上了井冈山。中国革命的星火，从此燎原。

从做革命的"山大王"，到高高打出共产党的旗帜；从"红旗到底能打多久"到"中国的红色政权为什么能够存在"；从黄洋界保卫战到龙源口大捷；从"革命理想高于天"到"星星之火，可以燎原"，井冈山蓄积了革命的洪流，经过艰苦卓绝的武装斗争、土地革命、政权建设，开辟了一条"以农村包围城市，武装夺取政权"的崭新革命道路。

井冈山茅坪八角楼。1927年10月至1929年1月，毛泽东同志经常在此居住和办公，领导井冈山革命根据地斗争，写下《中国的红色政权为什么能够存在》《井冈山的斗争》两篇光辉著作

革命斗争时期，"打土豪，分田地"得到了群众的衷心拥护

"井冈山"被誉为"中国革命的摇篮"，这充分肯定了井冈山斗争在中国革命中的历史地位和作用。

井冈山斗争从 1927 年 10 月至 1930 年 2 月，虽然只有短短的两年零四个月，但积累了我党建党、建军、建政和土地革命的宝贵经验。这是中国共产党人独立领导中国革命的最先尝试，是马克思主义中国化的伟大开篇，形成了全国根据地的"井冈山经验"，破解了中国革命一系列的重大问题。

90 多年后的今天，时代再次垂青井冈山，在这里吹响了全国脱贫攻坚战的胜利号角，走出了一条特色鲜明的精准脱贫"井冈山之路"，成为全国脱贫奔小康的新起点。

■ 这里是党的群众路线的起源之地

井冈山革命斗争，用革命军队与人民群众同呼吸共命运的生动实践，诠释了一切为了群众，一切依靠群众，从群众中来到群众中去的真理。井冈山斗争的历史表明，人民群众的支持和无私奉献，是我们党无尽的力量源泉。

井冈山斗争时期，各级红色政权的一个突出特征是，确定了工农政权的性质，确立了由工农群众当家做主的地位。农民是最广大的人民群众，农民问题的核心是土地问题，红军以湘赣边界工农兵苏维埃政府名义颁布《井冈山土地法》，第一次从法律上肯定了农民拥有分配土地的权利，得到了人民群众的衷心拥护。

那时，井冈山军民遭受的经济困境是空前的，尤为突出的是吃饭问题，毛泽东依靠群众，自力更生，采取多种措施，不断克服困难。对群众的日常生活、生产，毛泽东非常关心地指出：柴米油盐、衣食住行、生老病死等一切群众的实际生活问题，都是我们应当注意的问题。

1927 年秋，毛泽东在带领秋收起义部队上井冈山的途中说，在井冈山建立革命根据地一定要与当地群众搞好关系，如果没有群众的支持，根据地是建立不起来的。无论是"支部建在连上"的建军思想，还是"三大纪律、六项注意"的纪律要求，都将群众路线和民本理念贯穿其中，放在极其重要的地位。

在艰苦的革命斗争中，尽管环境恶劣、物资匮乏，红军将士仍把群众利益放在第一位，与人民群众同甘共苦，不向困难低头，以坚韧不拔的精神与敌人和困难作斗争。毛泽东提出红军建军的目的是挽救民众疾苦，为工农群众打仗。

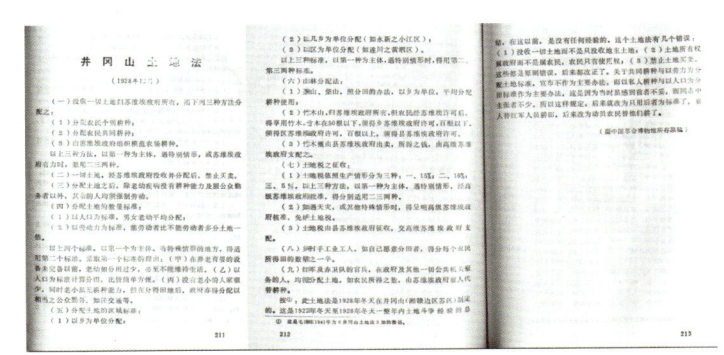

《井冈山土地法》

1928 年，红军充分依靠当地人民群众的力量，凭险抵抗，以两个连的兵力，打退了敌人妄图乘虚进犯的四个团的兵力，取得了著名的黄洋界保卫战的伟大胜利

由于红军时时处处真心实意地为群众谋利益，因而深得民心，根据地建立起鱼水情深的军民关系。人民群众把红军看成是大救星，第一次深情地喊出了"红军万岁！"

历史总是有着惊人的相似。脱贫攻坚，是一场新时期的人民战争。它的指挥者依然是中国共产党，它的主战场依然在农村，它的主要力量依然是人民群众，它的战略方针依然是走群众路线，它的战略目标依然是让人民过上更加美好的生活。

中国共产党有决心、有信心、有能力，从 90 多年前的井冈山革命斗争中，吸取经验，探求路径，找到解决贫困问题、打赢脱贫攻坚战的战略思想和制胜法宝，敢为天下先，像当年创建第一个农村革命根据地一样，打造新时代脱贫攻坚的第一块"试验田"和"样板区"，书写新的井冈故事、井冈传奇。

■ 这里是井冈山精神的孕育之地

井冈山，一座具有精神富矿的山。时空变幻，散去的是风烟，讲述的是故事，镌刻的是精神。

井冈山精神是无数革命先烈和前辈用生命和鲜血铸成的具有原创意义的民族精神。中国共产党历代领导核心，对井冈山精神都有过精辟论述和高度评价——

毛泽东："井冈山革命精神不要丢了。"

邓小平："井冈山精神是宝贵的，应当发扬。"

江泽民："井冈山精神最重要的地方就是坚定信念，艰苦奋斗，实事求是，敢闯新路，依靠群众，勇于胜利。"

胡锦涛："弘扬崇高革命精神和优良革命传统，就是要始终坚持崇高理想，坚定信念；始终坚持解放思想，实事求是；始终坚持依靠群众，服务人民；始终坚持艰苦奋斗，自觉奉献。"

2016 年，习近平视察井冈山时，特别指出："井冈山时期留给我们最为宝贵的财富，就是跨越时空的井冈山精神。今天，我们要结合新的时代条件，坚持坚定执着追理想、实事求是闯新路、艰苦奋斗攻难关、依靠群众求胜利，让井冈山精神放射出新的时代光芒。"

习近平对井冈山精神的重要论述将井冈山精神提升到一个新的理论高度、新的思想维度，有着特殊的政治深意。

坚定执着追理想既是井冈山精神的灵魂，也是新时期井冈山脱贫攻坚的精神支柱。让井冈山人民过上幸福生活，是无数革命先辈的夙愿，是我们党对这片红土地的庄严承诺。面对脱贫攻坚的时代重任，井冈山党员干部传承红色基因，弘扬优良传统，以历史的担当、为民的情怀，带头冲在一线，和贫困群众一块苦、一块干，朝着脱贫的目标执着向前。

实事求是闯新路既是井冈山精神的核心，也是新时期井冈山脱贫攻坚的

井冈山"星火相传"火炬雕塑

实践基础。过去搞革命，坚持从实际出发，取得了一次次胜利。现在脱贫攻坚，也必须从实际出发，敢于创新，勇于担当。通过科学有效的调查方法，掌握贫困户的家底，确保精准，将扶贫举措落到实处；并不断深化改革，从根本上消除体制机制障碍，切实增强内生动力和发展活力，不断开创扶贫工作新局面。

艰苦奋斗攻难关既是井冈山精神的基石，也是新时期井冈山脱贫攻坚的优良作风。在打赢精准脱贫攻坚战的过程中，井冈山人民面对贫困程度深、攻坚任务重等困难，广大党员干部勠力同心、合力共为，展现了共产党人的精神特质，确保了率先脱贫成功。

依靠群众求胜利既是井冈山精神的胜利之本，也是新时期井冈山脱贫攻坚的力量之源。当年，井冈山斗争正是依靠人民群众建立革命根据地，发展革命根据地，壮大革命根据地，井冈山红旗始终不倒。井冈山人民深刻地认识到，脱贫攻坚事业要取得永久胜利，必须始终坚持依靠群众，充分发动群众，让群众把脱贫当成是自己的事，主动参与，辛勤劳动，脱贫才有成效，才能持续。

初心之重，时代之考。作为井冈山精神的发源地，井冈山人民在脱贫攻坚中，就是要拿出当年共产党人带领工农群众干革命的信念和定力，永远把为人民谋幸福的初心，扛在肩头，刻在心头，在率先脱贫中经受考验，当先锋、站前列，以实际行动践行跨越时空的井冈山精神。

第二节　蓝缕之困

筚路蓝缕，以启山林。

翻开汉语字典，对"贫困"的定义是："生活困难；贫穷。"

1998 年诺贝尔经济学奖获得者阿马蒂亚·森认为："贫困的真正含义是贫困人口创造收入能力和机会的贫困；意味着贫困人口缺少获取和享有正常生活的能力。"

战争的炮火，给井冈山留下的是满目疮痍、残垣断壁。图为中华人民共和国成立初期，大井毛泽东旧居的残墙

中国著名诗人艾青，在他的诗歌《双尖山》中写道："一个世界两条道路，一条走向愚昧贫困，一条走向繁荣富强。"

集革命老区、边远山区、贫困地区"三区"为一体的井冈山，沿着这条奋斗之路，走了近百年。

■ "革命老区"血沃中华

习近平总书记深情地说："井冈山是革命的山、战斗的山，也是英雄的山、光荣的山。"

这座开天辟地的革命之山，为中国革命走向胜利进行过艰辛探索，铸就了历史功勋，也付出了巨大牺牲。

井冈山革命斗争时期，吉安有 18 万人参加红军，牺牲近 5 万人，仅 15744 人留下了名字。这里走出了共和国的主要缔造者，功盖千古；这里诞生了 147 位开国将军，光耀神州；这里长眠着无数革命先烈，浩气长存。在井冈山革命烈士陵园里，黑色的大理石墙上密密麻麻地刻录着 15744 位烈士的姓名。陵园里还安放着一块为千千万万无名先烈树立的无字碑，这块静穆的丰碑上镌刻着后人无尽的缅怀和纪念。

在 1928 年—1930 年两年多的时间里，井冈山共进行了黄洋界保卫战、龙源口大捷等大大小小上百次战役和战斗，平均每 8 天就要打一次仗。英勇的红军带领广大群众，进行了五次艰苦卓绝的反"围剿"斗争，反动军阀和豪强武装对红军和群众进行了残酷的围剿和屠杀，叫嚣"茅草要过火，石头要过刀，人要换种"，无数红军将士和革命群众，以超绝的英雄气概，用鲜

在井冈山革命烈士陵园里，安放着一块为千千万万无名先烈树立的无字碑，
镌刻着后人无尽的缅怀和纪念

战争不仅造成了井冈山人口锐减、大量田园荒芜，而且还毁坏了
房屋山林等固定财物，极大地破坏了社会生产力

血和生命捍卫了信仰的力量。

据《宁冈县志》记载，宁冈县民国二年(1913年)，有人口131270人，到民国二十五年（1936年）全县人口总数只有33852人，战争造成了经济的严重危机，财产的巨大损失，尤其是带来了人口的锐减。第三次反"围剿"失利后，彭德怀返回井冈山召开群众大会，准备了2000块银元慰问群众，在会场旁的北桥给每名群众发一块银元，结果只发出去800块。

"为什么战旗美如画，英雄的鲜血染红了她；为什么大地春常在，英雄的生命开鲜花。"每年春天，井冈山漫山遍野的红杜鹃竞相开放，每一朵花蕊间都盛开着一个英雄的名字。

■ "边远山区"山高路远

巍巍五百里井冈，大山连绵起伏，层峦叠嶂。山林面积达80%以上，山高路远林密，交通极为不便。到民国初年井冈山连条泥石公路都没有，当地人形容："山路弯弯十道坎，听得见、看不见，看得见、走半天。"

当年红军在这里建立全国第一个农村革命根据地，看中的正是这里山高林密的独特地理位置，高路、密林、深崖、僻壤成为红军生存发展、克敌制胜的天然屏障。从历史的角度看，这里的每一座山头、每一片森林、每一道深水，都是中国革命胜利的"功臣"。从崎岖坎坷的"朱毛红军挑粮小道"，走出了一条通往胜利的康庄大道。

然而，从现实的角度来看，这些曾经的屏障，又成为制约群众脱贫致富的瓶颈。井冈山现有 21 个乡镇（场），106 个行政村，17 万人口。老百姓大部分生活在偏远、闭塞的山区地带，平均海拔 381.5 米，最高峰江西坳 1841 米。最偏远的乡镇睦村乡离市区 120 多里，与湖南省茶陵县、炎陵县交界，村民进城需要花费 5 个多小时，最偏远村的村民去一趟井冈山市区，还得在镇里住一晚，第二天再赶路。

1951 年 2 月，苏联外交官费德林经毛泽东特批，来到井冈山考察，成为第一个来到井冈山的外国人。费德林等人乘汽车到了遂川县城，然后众人骑马经草林、堆前到了黄坳，再徒步进朱砂冲。通往朱砂冲的只有一条一尺多宽的石板小路，底下便是百丈深谷。在这样陡险的深涧小路上，只能牵马步行。到了陡险地段，他根本迈不开步子，只能由别人拉着手，扶着崖壁一步步地摸着走。费德林在"高级向导"的帮助下，花了将近一个

1951 年，苏联外交官费德林来到井冈山，成为第一个来到井冈山的外国人。他亲身体验了井冈山的艰苦，也感受到了当年井冈山革命斗争的大无畏精神

小时才通过朱砂冲，当接近天黑时分才到达茨坪。费德林在八角楼的灯盏前感慨地说："中国的革命斗争条件，比苏联共产党推翻沙皇，建立苏维埃政权的十月革命，要艰苦得多！"

■"贫困地区" 重贫深困

这种艰苦，一直延续到新中国成立后的几十年、几代人。然而，对中国共产党人来说，让人民摆脱贫困，过上美好生活的初心，始终没有改变。

党和国家始终没有忘记井冈山。60多年来，在井冈山先后进行了四个阶段的扶贫与发展计划。

1950年设立井冈山特别区。

1958年抽调10万民工修建井冈山的第一条公路——井泰公路。

1959年设立了省辖的井冈山管理局，抽调了数百名干部来到井冈山参加山区建设。

二十世纪六七十年代，一大批来自全国各地的下乡干部、转业军官和上海知青，来到井冈山投身到火热的老区开发建设中。上海知青杨洁茹16岁那年，满怀激情，与一群姐

劈石开山，黄洋界上的公路建设难度极大（1959年）

妹从大上海来到革命老区，到达井冈山的第二天，她们被井冈山的贫穷落后惊呆了。土坯房已是最好的住处，住房大多是杉树皮围成的棚子，连屋顶也仅是靠几块树皮盖成；没有电灯，只能用小木棍或其他杂物蘸点煤油照明，烧完了就得马上换，一晚上得折腾无数回。痛哭一场后，她毅然选择了留下

来。至今，杨洁茹仍扎根在井冈山区，为老区乡村教育事业奉献了最美好的青春年华。

党和各级政府还先后在这里实行了从救济式扶贫到攻坚扶贫的一系列措施，经过一代代老区人的励精图治，艰苦奋斗，井冈山人民的生活水平有了很大的提升，但与发展较快地区尤其是沿海发达地区相比，还有很大的差距，被确定为国家扶贫开发工作重点县。

>> 贫困程度看数据

贫困发生率高。到 2014 年初，井冈山总人口 17 万人，农业人口 12 万余人。贫困人口 4638 户 16934 人，贫困发生率高达 13.8%，贫困户的人均可支配收入仅为 2600 元。

"空壳村"多。106 个行政村中，年收入 5 万元以下的集体经济薄弱村

蜿蜒泥泞的井宁公路，是上井冈山的重要通道（1968 年）

有 93 个，占总村数的 87.73%。其中，年收入两万元以下的"空壳村"还有 55 个，占总村数的 51.88%。

人均可支配收入低。至 2015 年初，井冈山人均可支配收入为 7685 元，比全国农村居民人均可支配收入 11422 元低了 32.72%。

>> 生活状况看住房

即便在精准脱贫实施之初的 2013 年底，井冈山还有危旧土坯房 7533 栋，涉及农村人口 30132 人。尤其是深山区的贫困群众，几乎都住着清一色的干打垒土坯房，他们编了顺口溜"晴天楼顶掉渣，雨天墙上开花，一旦遭遇泥石流，连人带房冲到山脚下"，来形容山区群众提心吊胆过日子的窘境。

>> 经济水平看三产

长期以来，"八山半水一分田，半分道路和庄园"成为井冈山农民的生存写照。农业结构单一，工业底子薄弱，后发优势不足，商业经济活力有限，农村集体经济突围艰难，空壳村田园荒芜，村级党组织软弱涣散，贫困群众抵御疾病、灾害等风险的能力十分脆弱。

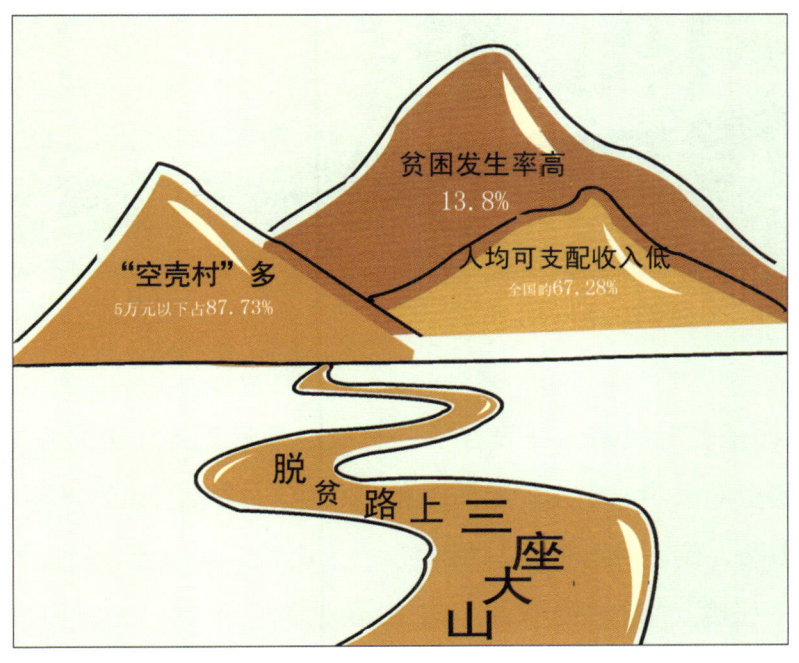

贫困发生率高、"空壳村"多、人均可支配收入低，成为井冈人民脱贫路上的"三座大山"

　　尽管井冈山旅游开发较早，全力打造红色旅游胜地，但绝大多数贫困群众尤其是远离景区的贫困群众，无法参与到旅游产业经营中来。一拨又一拨的山里人，随着打工潮外出谋生。茅坪乡神山村，直到 2016 年仍有 80% 的年轻人在外打工谋生。42 岁的彭德良，十多年前到广东、浙江务工，用他自己的话说，在外面"浪荡"多年，又苦又累不说，赚下的钱不过勉强维持家用。

在精准脱贫实施之初的 2013 年底，这样的干打垒土坯房，在井冈山比较普遍

　　"三双筷子、三只碗、一箩谷子"——这是彭夏英和丈夫张成德带着女儿分家时的全部家当。山上的毛竹是他们一家的指靠，可是背着一捆毛竹走十几公里山路，到茅坪圩镇也只能卖二三十块钱，累弯腰，跑断腿，也只能维持一家三张嘴。"最穷的时候，连 10 块钱都借不到，那时候真是难啊！"回想起早年的苦日子，彭夏英几度哽咽。

　　"路塞、地瘠、疾病"长久以来成为井冈山挥之不去的"伤疤"；脱贫难问题，仍然是贫困群众心中之痛，"三区"叠加的井冈山是脱贫攻坚进程中"难啃的硬骨头"。

　　正入万山圈子里，一山放过一山拦。对中国"革命摇篮"井冈山而言，历史，是一枚闪光的"勋章"；贫困，却是一个黯淡的"标签"。

第三节　使命之切

　　久困于穷，冀以小康。

　　这是中华民族的千年祈愿。

　　这是中国共产党人初心不改、前赴后继的百年追寻。

　　1965 年 5 月，阔别 38 年，重回井冈山的毛泽东，满怀豪情地写下了极具豪迈气魄的《水调歌头·重上井冈山》：

毛泽东诗词手迹：《水调歌头·重上井冈山》

　　久有凌云志，重上井冈山。

　　千里来寻故地，旧貌变新颜。

　　到处莺歌燕舞，更有潺潺流水，高路入云端。

　　过了黄洋界，险处不须看。

　　风雷动，旌旗奋，是人寰。

　　三十八年过去，弹指一挥间。

"胜利的号角"主题雕塑

可上九天揽月，可下五洋捉鳖，谈笑凯歌还。

世上无难事，只要肯登攀。

　　让老区人民过上幸福生活，是共产党人长久以来的志向和愿望。尽管此时的井冈山，经过新中国成立后十五六年的建设，面貌已发生了很大的改变，但带领老区人民摆脱贫困仍然任重道远。豪情满怀的毛泽东以大无畏的革命乐观主义精神，坚信"世上无难事，只要肯登攀"。这"难事"之中自然也包括老区人民的"脱贫梦"。

　　——这是历史的重托，也是责任的鞭策，激励着一代代共产党人，肩负使命，奋勇向前。

　　当历史的接力棒传到新的时代，又一个黄钟大吕般的声音破空而来——"我们要立下愚公移山志，咬定目标、苦干实干，坚决打赢脱贫攻坚战，确保到 2020 年所有贫困地区和贫困人口一道迈入全面小康社会。"

——这是以习近平同志为核心的党中央在新时代发出的脱贫宣言，吹响了全国人民决胜脱贫攻坚战的嘹亮号角。

号角声声，响彻神州，振奋井冈。

2016年农历小年。习近平总书记来到井冈山视察，看望老区群众。

瑞雪兆吉祥，雪后的井冈山一片银装素裹。黄洋界脚下的茅坪乡神山村，家家户户都在准备年货。

在贫困线上挣扎了大半辈子的张成德、彭夏英夫妇，做梦也没想到，习总书记会来到自己家里，两人激动地迎上前去……

"他很亲切，像自家人一样跟我们说话，问我们吃得怎么样，住得暖不暖，电视能看多少个台，种了什么，养了什么，还跟我们坐在一起，算收入支出账哩！"至今回忆起来，彭夏英依然觉得心里暖洋洋的。

她记得自己当时由衷地说了一句，"总书记给全国人民当家当得好，老百姓感到很幸福"，习近平马上接过话茬说，"我们国家是人民当家做主，包括我在内，所有领导干部都是人民勤务员"。

正是带着那份"不忘来时路"的初心，习近平分别于2006年3月、2008年10月和2016年2月，三上井冈山，对革命老区的殷殷关怀，情真意切。

在村党支部，习近平认真翻看脱贫攻坚的规划、簿册和记录等。听说村里正准备实施土坯房的改造加固计划，习近平很关切，他拿起规划设计图仔细看，问群众意愿，问工程造价，问建设效果。得知这些年村里不断发生着可喜变化，他很高兴。为总书记介绍情况的时任茅坪乡党委书记兰胜华回忆说："他看了很多户，而且每户都仔细看，认真听。"

从村党支部出来，习近平沿着村道，一路往上一路与村民拉家常、问寒暖，每一户都问得仔细，访得深入。一番亲切的交谈下来，这一家生活得如何、那一户还有什么困难、村里的脱贫工作进展到哪一步，总书记很快心里就都有了谱。

在红军烈士后代左秀发家中，习近平对他们一家人立足本地资源、依靠竹木加工增收脱贫的做法给予肯定，并指出，扶贫、脱贫的措施和工作一定要精准，要因户施策、因人施策，扶到点上、扶到根上，不能大而化之……

习近平与大家一一握手，向乡亲们拜年，并对乡亲们说，我们党是全心全意为人民服务的党，将继续大力支持老区发展，让乡亲们日子越过越好。在扶贫的路上，不能落下一个贫困家庭，丢下一个贫困群众。并要求井冈山在脱贫攻坚中作示范、带好头！

在茅坪八角楼革命旧址群内的慎德书屋里，一盆炭火烧得正旺。习近平在这里看望了93岁的全国道德模范龚全珍、87岁的全国道德模范毛秉华以及革命烈士后代，他告诫全党同志要牢记井冈山精神，把为人民谋幸福作为矢志不渝的追求。

在八角楼革命旧址，习近平总书记和全国道德模范龚全珍、毛秉华以及革命烈士后代等围炉而坐，向几位老人家致以新春祝福。习近平说，井冈山道路是马克思主义中国化的经典之作，从这里革命才走向成功。行程万里，不忘初心

让时间倒回到 2015 年，习近平参加十二届全国人大三次会议江西代表团审议时就曾嘱托：决不能让老区群众在全面建成小康社会进程中掉队，立下愚公志、打好攻坚战，让老区人民同全国人民共享全面建成小康社会成果。

在中华民族近代史上，贫困如影随形：多灾多难、饿殍遍地、落后挨打成为挥之不去的民族记忆。尤其是西方列强的欺辱、难以计数的赔款，让中国戴上更为沉重的苦难枷锁。从康有为到孙中山，无数人在探寻一条富民强国之路，结果都以失败告终。即便是经历过数百年资本主义发展道路的欧美发达国家，仍然无法找到一条摆脱贫困的良策，贫困每天像钟摆一样，牵动着这些西方大国的神经。

有一种记忆，镌刻国魂。

有一种目光，饱含深情。

有一种脚步，执着坚定。

1921 年，中国共产党带着"红船"初心，开启了追求民族独立、人民解放、摆脱贫困落后的历史新纪元。

从土地革命、新中国成立到改革开放，中国共产党不仅历史性铲除了导致中国积贫积弱的制度根源，更不断创新思想和方略，带领全国各族人民决胜全面建成小康社会，朝着中华民族伟大复兴这一"百年梦想"的目标奋勇前进。

使命在肩，风雨兼程。近百年的历史坐标下，中国反贫困斗争使人民生活发生了天翻地覆的变化。

2012 年，党的十八大召开，以习近平同志为核心的党中央带领中国人民，把反贫困斗争推上了新的进程。

井冈山，毕竟不是平凡之地。当我们把目光回溯得更远一些，不难发现，共和国的历代领袖都曾怀着无比崇敬的心情，踏足过这片神奇的土地，党中央、国务院始终牵挂这片光荣的土地，为之倾注了无限深情和期望。

"2016 年在全国、全省率先脱贫，努力把井冈老区打造成全国革命老区脱贫攻坚示范区。"这是井冈山老区人民的铿锵誓言，是井冈山市委市政府向江西省委省政府作出的庄严承诺。

井冈老区以"时不我待"的紧迫感和"舍我其谁"的使命感，大力弘扬跨越时空的井冈山精神，以决战决胜的勇气，尽锐出战，攻坚拔寨，全面打响脱贫攻坚战，努力交出一份不负人民的时代答卷。

世界期待着，能在曾经创造过神奇的井冈山，找到一把破解人类脱贫难题的"钥匙"。

02

Chapter

只要肯登攀

——靠什么走脱贫路？

高路入云端。

井冈路，

从一次成功走向又一次成功，

从一个胜利走向另一个胜利。

靠的是什么法宝？

靠的是弘扬跨越时空的井冈山精神，

靠的是"世上无难事，只要肯登攀"的无敌力量。

糍粑越打越粘，日子越过越甜！井冈山广大干部群众牢记习总书记嘱托，大力弘扬
跨越时空的井冈山精神，自力更生，砥砺奋进，坚决打赢脱贫攻坚战

第一节　坚定信念　立志脱贫

井冈山高，赣江水长。

井冈山广大干部群众，牢记习近平总书记的殷殷嘱托，一滴汗珠子摔八瓣，撸起袖子加油干，唱响脱贫攻坚的壮歌，一步步走出贫困的阴影，迎来梦想与希望的曙光。

也许有人会问：

井冈山，是一座具有特殊意义的山，既受到党中央的亲切关怀，又受到社会各界的倾力支持，它实现率先脱贫摘帽，是不是上面给的、外面送的？

井冈山的回答是：脱贫奔小康，靠扶不靠养！

脱贫之初，井冈山部分群众"等靠要"思想较严重。有的甚至认为，他们的祖辈先辈为中国革命事业作出了巨大牺牲，理应得到国家的特殊关爱，等着四面八方来送温暖、送小康。

为此，井冈山实施"三扶""三不扶"，从群众的思想根源入手，坚定决心，循序渐进斩断"穷根"。

一、扶"志"不扶"懒"——解决"要我脱贫"还是"我要脱贫"的问题

——用井冈山精神鼓舞群众。

"三区"叠加的井冈山，要实现在全国率先脱贫摘帽，难度可想而知。为此，当地把宣讲井冈山精神和宣传扶贫政策有机结合，通过举办乡村大讲堂、上门夜访贫困户、田间地头上党课、讲好红色故事、讲清扶贫政策，让广大贫困户接受"文化充电"与"精神补钙"，使其坚定脱贫信心。

在脱贫攻坚战场上，党员干部永远走在前面。这里，3000多名党员干

部沉下身子，卷起裤腿，和老百姓同吃、同住、同走脱贫路。这里，必须提到一位老人，他就是"全国道德模范"毛秉华。他50年如一日，义务宣讲井冈山精神，累计宣讲两万多场，听众达200多万人次。他生前仅有的20万元积蓄，全部以特殊党费的形式捐给了脱贫攻坚事业；他生前最后的时光，仍然行走在脱贫攻坚现场；他生前最后的愿望，就是要把看到的、听到的脱贫攻坚故事写下来，

扫二维码，走进"全国道德模范"、"中国好人"、井冈山精神宣讲第一人毛秉华的感人故事

毛秉华50年如一日，义务宣讲井冈山精神

毛秉华常常义务为游客宣讲

取名叫《井冈丰碑》。他说，脱贫攻坚就是井冈山新时代的"历史丰碑"。

人比山高，脚比路长。井冈山的贫困群众，在党和政府的引领下，在井冈山精神的鼓舞下，志存高远，奋发有为，把甜蜜的念想刻进每块砖瓦、每根钢筋、每棵果树、每畦菜园、每片茶园、每个农家乐餐馆、每件竹木工艺品……他们用双脚丈量意志，用汗水浇灌日子，用拼搏顶起一片天，用劳作收获甜蜜的果实。

——用过硬作风感召群众。

但愿苍生俱饱暖，不辞辛苦出山林。井冈山全体动员，一线检验，火线建功。一批批党员干部，义无反顾奔赴脱贫攻坚最前沿。他们踊跃当先锋、带好头，弯下身子，贴近泥土，倾听低处的呼唤。他们将活力注入血液，将生机点燃田野，将希望的绿意延伸四方……

古城镇长溪村帮扶干部、吉安监狱人秘科科长吕常红，就近租住在古城镇工业园区，每天大清早骑自行车或走路进村开展脱贫攻坚工作，挨家挨户了解群众实际困难，田间地头听取群众意见，一遍一遍和村镇干部研究帮扶措施……她常常一路走，一路思考问题，鞋跟踩歪了好几天都没发现，她常挂在嘴边的话是"长溪村贫困群众一日不脱贫，我就一日不离开长溪村"。大陇镇瑶背村第一书记饶建军，为了做通群众思想工作，及时拆除危旧

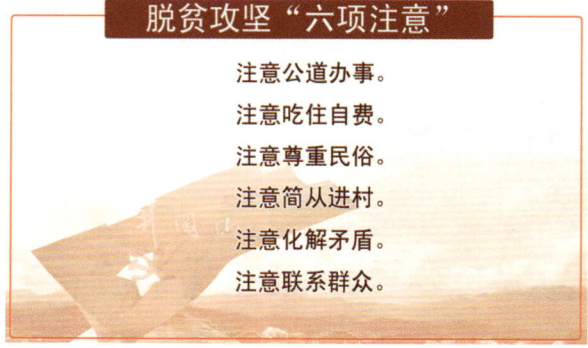

脱贫攻坚"六项注意"

注意公道办事。
注意吃住自费。
注意尊重民俗。
注意简从进村。
注意化解矛盾。
注意联系群众。

脱贫攻坚"六项注意"

脱贫攻坚"三大纪律"

严守"一切行动听指挥"的政治纪律。
牢固树立"抓脱贫就是讲政治"的思想认识，坚决落实中央的决策部署，坚决杜绝"虚假脱贫""数字脱贫"的不良倾向，坚决兑现"不小康不脱钩"的帮扶机制，有效创新"工作失职、军法处置"的责任追究制度。
严守"不拿群众一个红薯"的群众纪律。
所有帮扶工作队自带被褥、自带干粮，绝不能增加群众负担。
严守"一切缴获要归公"的经济纪律。
紧盯扶贫资金的管理使用，对扶贫资金的违纪违法问题一律零容忍，让每一分钱真正用到刀刃上。

脱贫攻坚"三大纪律"

土坯房，先后上门 6 次，向群众说政策、解疑难，不怕脏累，帮助群众搬杂物，终于打动了群众的心，赢得了他们的理解与支持。拿山镇长路村第一书记周德茂，以村为家，兢兢业业，夙兴夜寐，为村里争取 1300 余万元资金建设知青文化园，还推动发展 400 多亩苗木产业。

"请给我这样的爱吧，它能渗透进生命的中心，像看不见的树液，从中心出发，流遍生命之树，使它开花，使它结果。"泰戈尔的这段诗句用在张玉珍和周德茂的身上特别贴切。对贫困户的炽热之爱，流遍井冈山这些扶贫干部的生命之树，正在开花、结果……

——用身边典型激励群众。

点燃一盏灯，照亮一片天。

茅坪乡茅坪村红卡户朱秋芳，因病痛折磨一度失去生活信心。帮扶干部郭评生反复跟他谈党的扶贫政策，以彭夏英、吴云月等本乡"最美脱贫户"的奋斗事迹，鼓励他参加红色讲习所。朱秋芳从"怕动"到"心动"，不仅积极学习黄桃种植技术，成为黄桃基地的长聘工人，还克服困难，建起了新居。

新城镇新城村贫困户曾兰仁，命运多舛。先是父亲早逝、弟弟残疾，接着妻子离家出走，家里穷得是锅底朝天，一分钱都想掰成两半用。在村里先进典型潜移默化的影响下，他组建了一个小包工队，经过一番艰苦打拼，收获了人生宝贵的"第一桶金"。小日子越过越甜蜜的曾兰仁还乐悠悠当起了脱贫致富"宣讲员"，讲自己"脱胎换骨"的创业故事，实现从学习身边典型到自己成为典型的角色嬗变。

打起攻坚战，过起新生活。

唱起幸福歌，让阳光暖心窝。

做个好人有好报，好花结好果。

没有翻不过的山，没有蹚不过的河。

心中有梦无难事，酸甜苦辣都是歌，

都是歌。

"党和政府是扶持我们，不是抚养我们。"茅坪乡神山村彭夏英的这句话也成为神山人自力更生、艰苦奋斗的最美代言。靠好政策和自己双手让日子好起来的彭夏英，还经常客串神山村巨变的讲解员，用自己切身体会讲神山村的新旧变化，讲自己的感恩之情，激励身边群众依靠勤劳致富

在"最美脱贫户"的奋斗事迹影响带动下，茅坪乡茅坪村红卡户朱秋芳鼓起了克服困难的勇气，有了积极性。图为朱秋芳在黄桃基地劳动

　　这是荣获全国脱贫攻坚奋进奖的彭夏英，受邀为井冈山的干部群众作宣讲报告时，自编自唱的一首客家山歌。歌词淳厚朴素，却斗志昂扬，唱出了彭夏英挑战命运、"破茧化蝶"的致富传奇，让人听得激情澎湃，热血沸腾。

新城镇新城村贫困户曾兰仁，在村里先进典型潜移默化的影响下，走上了艰苦创业、脱贫致富的路子，实现从学习身边典型到自己成为典型的角色嬗变

二、扶"干"不扶"看"——解决"坐等看"还是"动手干"的问题

让我们来听听老郭的"命运三部曲"。

神山村贫困户郭国印的人生充满了戏剧性，从爱上神山开始，爱那里的青山绿水，爱那里善良妩媚的新娘；到逃离神山，逃离如影随形的贫困，逃离欲哭无泪的忧伤；最后，又回归神山，在这里创业，在这里奋斗，在这里圆了年深日久的"庄园梦"。

在党和政府的亲切关怀与大力支持下，茅坪乡神山村贫困户郭国印不再"坐、等、看"，而是"动手干"，通过自己的努力在家门口创业圆梦

自从老郭提出回神山村办养殖场的诉求后，乡里除了协助他办理营业执照、特种养殖证，还给予资金、技术等方面的扶助。村干部也是想法子、找路子，帮养殖场协调水电、销售、通行、环保等问题。

村里还专门为养殖场新建了一条30余米长、约2.5米宽的水泥路，与贯穿全村的大柏油马路相连。又沿路安装了一些太阳能电灯，为的是方便老郭的三轮摩托车进出跑运输。

在党和政府的亲切关怀和众多好心人的关爱下，郭国印通过自己的努力，实现了穷则思变、破茧化蝶的人生逆袭，2017年他的养殖场收入突破了10万元。井冈山的众多贫困户也不再"坐、等、看"，而是"动手干"，在家门口创业圆梦，生活从此改观，命运从此扭转！

三、放眼"扶一世"，解决"长远过硬"的问题

我们再来听听黄校平吃上旅游饭的故事。

对于老黄这样的特困户，村支书邹秋平等扶贫干部不只考虑"扶一时"，而是放眼"扶一世"。

村里不仅仅考虑给予老黄家钱物扶助，而是通过"农家乐协会"，免费对老黄家进行墙面刷漆、吊顶、油漆门、卫生间改造等，并购买一些必备物品，把老黄家装扮成一处功能齐全的家庭旅馆。

"授人以鱼不如授人以渔"，硬件好了，软件当然也得跟上。

于是，村里又安排老黄参加一系列接待培训，教他学会如何管理旅馆和服务游客，不断增强服务意识与致富本领，让老黄的"旅游饭"越吃越香，"致富路"越走越远。

在茨坪镇大井村，许多昔日的贫困户都像黄校平一样，变成了来村研学、培训的
学员们的"好老师"，带他们做农活、打草鞋等就能增加不少收入

第二节　实事求是　精准脱贫

习近平总书记指出，扶贫开发贵在精准，重在精准，成败之举在于精准。

扶持谁？谁该进？谁该退？井冈山像当年红军一样，到群众中去，开展"连天线、接地气、入人心"的大调查。

"三卡"识别，精确"扫描"每一个贫困户。

井冈山创新提出红卡（特困户）、蓝卡（一般贫困户）、黄卡（脱贫户）精准识别办法，不搞"大概印象、笼统数据"，而是聚焦"贫困面有多大、贫困人口有多少、致贫原因是什么、脱贫路子靠什么"等问题，以"村内最穷、乡镇平衡、市级把关、群众公认"为原则，以"一访（即走访农户）、二榜（即在村和圩镇张榜集中公示）、三会（即分别召开村民代表大会、村

井冈山不搞贫困终身制，而是实行"户有卡、村有册、乡有簿、市有电子档案"，
及时更新贫困信息、及时跟进管理

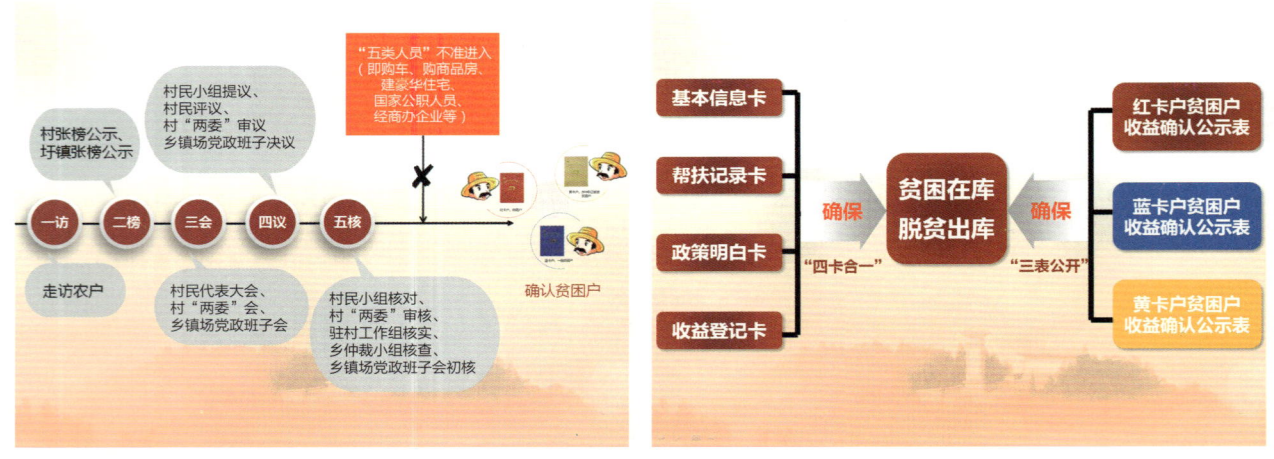

井冈山精准分类建档立卡程序示意图　　　　　井冈山的"三表"公开、"四卡"合一示意图

"两委"会、乡镇场党政班子会）、四议（即通过村民小组提议、村民评议、村"两委"审议、乡镇场党政班子决议）、五核（即村民小组核对、村"两委"审核、驻村工作组核实、乡仲裁小组核查、乡镇场党政班子会初核）"的办法，让群众身边最熟悉情况的人来把关。确保"贫困户一个不漏，非贫困户一个不进，贫困原因个个摸清，脱贫门路户户有数"。

创新制作以贫困户基本信息卡、帮扶工作记录卡、脱贫政策明白卡、贫困户收益卡为主的"四卡合一"脱贫档案卡。一卡在手，即可了解贫困对象的所有基本信息，谁来扶的、怎么扶的、解决了哪些问题、实现了哪些收益等，确保有据可查。

"三表"公开，做到贫困群众每项实际收入清清楚楚。红、黄、蓝卡户，分别统一印制了《贫困户收益确认公示表》，登记每一项实际收入，不是测算收入，不是预期收入，而是确确实实的现金收入，一分一厘都经过贫困户签字确认后公示公开，做到"你知、我知、大家知"，方便社会监督。

变"固定受益"为"精准进退"。在脱贫攻坚中，实行动态管理，实时掌握贫困群众实际情况，做到脱贫有序。一方面，不搞"贫困终身制"，而是实行"户有卡、村有册、乡有簿、县有电子档案"，及时更新贫困信息，及时跟进管理，按照国家脱贫标准，严格核查把关，对完全符合标准、能够脱贫的贫困户、贫困村予以退出，对新增和返贫的贫困户及时纳入，做到应进则进、应扶则扶，确保"贫困在库、脱贫出库"。另一方面，不为脱贫而脱贫，坚决杜绝"数字脱贫"，坚决不搞预期收入，而是落实真真切切的脱贫，实实在在的收入。

精准进退制度，则要求实行"五必访"：一是村民家庭有重大事故的必访；二是村民之间有矛盾纠纷的必访；三是村民有不稳定情绪或信访苗头的必访；四是村民遇到特殊困难的必访；五是村民有创业意愿和致富项目的必访。

如何开展具体有效的精准扶贫？井冈山因地制宜，因人施策，打造出五把亮锃锃的"金钥匙"：

第 1 把："有能力"的"扶起来"，实现家家有致富产业。

根据贫困群众的致富意愿和劳动能力的具体实际，有针对性地制定帮扶措施。全力推进"231"富民工程（20 万亩茶叶、30 万亩毛竹、10 万亩果业种植加工基地），实现每个乡镇有一个产业示范基地、每个村有一个产业合作社、每个贫困户有一个增收项目，确保家家有一个致富产业，户户有一份稳定的产业收入。

旅游是井冈山的主导产业，为此，他们竭尽全力，为来自全国各地的游客提供优质服务，并尽最大的可能让贫困群众广泛参与、普遍受益。一个 5 万平方米的巨型野外剧场上，4000 平方米的巨幅红绸从天而降，不一会儿便演化成铺天盖地的血海和冲天而起的红云。黄洋界上震耳欲聋的激烈炮声、八角楼上的一盏豆油灯、送别路上的军民鱼水深情……

这样的壮观场景，每天都在拿山镇茶坪村闪亮上演。

这部名叫《井冈山》的大型实景演出，再现了井冈山斗争时期两年零四个月的烽火历程。这台演绎红色经典、表现革命战争历史题材的大型实景演出，吸收周边群众 600 多人参加，人均年增收 7000 余元，实现了"一场红色演出，带富一方百姓"。

在茅坪乡坝上村，依托丰富的红色资源，推出红色体验教学"红军的一天"。一共有 52 家农户参与，户均年增收 2.3 万元，实现了"一天红军体验，带活一个产业"。

大型实景演出《井冈山》10 年常演不衰，观众已超 300 万人次。演出团队共计 600 多人，全部都是井冈山当地农民（大部分为红军后代），同时还吸纳 100 余名当地管理人员，解决了 700 余人的就业。群众演员白天干农活，晚上当演员。光演出这一项，年增收 6000 元至 9000 元不等

第2把:"扶不了"的"带起来",实现个个有资产性收益。

拿山镇贫困户在江边村草莓基地采摘草莓

针对部分贫困群众缺乏劳动能力、难以自我发展的客观实际,井冈山采取股份制、联营式、托管式等多种合作模式,通过吸纳贫困户或以资金,或以土地入股等形式,参与产业发展,固化贫困户与企业、基地、合作社的利益联结,让每家每户有一份稳定的资产性收益。

拿山镇江边村一个草莓基地,吸纳了全镇近60%的贫困户,走"支部+企业+贫困户"的发展模式,租金、股金、薪金多种收益叠加,户均年增收8000元。

拿山镇江边村草莓基地将采摘的新鲜草莓装车外销

新城镇黄夏村的谢玉龙生态园,成立了合作社,有46户贫困户分别入股5000元资金。合作社承诺:红卡户年利润20%,蓝卡户年利润10%,一年一分红,确保入社股本资金安全,五年期满,可退股或继续参股。蓝卡户周花娥,三年前入股5000元,每年可准时领到500元红利,由农民变成了股民。

散发着诱人香味的新鲜草莓

第3把："带不了"的"保起来"，实现人人有兜底保障。

针对完全丧失劳动能力的贫困群众，井冈山将政策向其聚焦叠加，实施贫困线与低保线"双线合一"，通过低保的扩面提标，使贫困人口尽可能享受更高标准的低保，让低保线略高于贫困线标准，通过政策的兜底保障，来实现贫困人口的"两不愁、三保障"。

井企集团石市口分场职工张余梅患有肾病，做了肾移植手术后，每月用药花费上万元。幸运的是，井冈山专门针

井冈山的"保起来"，让井企集团石市口分场重病的贫困户张余梅重新鼓起了生活的勇气，笑容又绽放在她的脸上

对贫困户推出了医疗附加险，并将张余梅列入"红卡户"。除了医药费报销，井冈山还在全国率先实施护理费补偿。

"以前看病都不敢让我爱人陪着去上海，因为要买火车票，要吃饭、住宿等，现在都不用自己掏钱了。"张余梅感慨万分，忧伤的眼角终于绽放淡淡的笑意，"扶贫保障，让我全家吃了定心丸！"

古城镇塘头村贫困户陈汉明，以往为三个小孩的学费时常愁眉不展。如今，当地教育部门为其大女儿和二女儿争取了爱心企业资助，每人每年3000元。并免去了大女儿高中学费和书本费3000元，申请了2500元最高国家助学金。

陈汉明的心房，从灰蒙蒙一下子变得亮堂堂！

第4把："住不了"的"建起来"，实现户户有安居住房。

井冈山结合"空心村"整治、清净整洁工程，实行拆旧建新、维修加固、移民搬迁、政府代建四种安居建房模式，采取政府补一点、群众出一点、社会捐一点、扶贫资金给一点、银行贷一点等"五个一点"的办法筹措资金，通过开展"消灭危旧土坯房，建设美丽乡村"攻坚行动，确保每一栋危旧土坯房都能拆得动、建得起、住得进。到2016年底，全市七千多栋危

旧土坯房全部得到改造或新建。

"决不让一户贫困户在危旧土坯房中奔小康"。对那些"一方水土养不起一方人"的深山区，引导贫困移民向中心村镇有序"转移"。对特别贫困移民户，政府采取统建"爱心公寓"交钥匙工程，集中配套安置。

东上乡贫困户郑云兰搬进爱心公寓新家，
她高兴地说："感谢党感谢政府。"

东上乡"一套房、一块地、一片果、一个窝"的模式，成为安居样板。东上乡爱心公寓点离圩镇只有500余米，32户建房特困户集体从深山区或地质灾害频发区搬迁出来，他们只需每户出两万元即可拎包入住爱心公寓。贫困户叶从友只花了两万元，就住上圩镇旁边的爱心公寓，圆了他一家几十年的安居梦。井冈山还采取政府代建形式，建成4套56平方米的两室一厅一厨一卫新房，完全无偿地供孤寡老人等无力建新房的贫困户使用。

"不仅有好房住，家里还分到了蜜柚地、蔬菜园和鸡舍。由于临近圩镇，上学、看病、务工都很方便，政府真是想得周到，太体贴咱老百姓了！"当地红卡户叶德牛来到新环境后，脱贫致富的信心更足了。

32户建房特困户集体从深山区或地质灾害频发区搬出来，
住上了圩镇旁边的爱心公寓，实现安居、兴业两不误

靓起来的神山村

第 5 把："建好了"的"靓起来"，实现村村面貌有提升。

要让贫困群众在干净、漂亮、整洁、舒适的环境中实现脱贫。井冈山坚持全域规划，大力推进镇村联动和美丽乡村建设，实现了 25 户以上自然村全部通水泥路、通自来水，所有行政村卫生室、文化室、党建活动室均已达标，贫困群众实现了走平坦路、喝干净水、上卫生厕、住安全房的美好愿望。

他们以"五美"为标准，在 44 个贫困村实施村庄整治工程，打造了 6 条干道沿线美丽乡村示范带和 19 个美丽乡村精品示范点，神山、下陇、坝上、渥田等一大批贫困村实现了美丽蝶变，让群众在干净、漂亮、整洁、舒适的环境中实现脱贫。

一个个美丽、幸福、安宁的梦里老家、桃源胜景，在井冈山随处可见。

通村路修好后，大山里的神山村美如图画

第三节　艰苦奋斗　坚决脱贫

　　"唤起工农千百万，同心干。"井冈山突出"志智双扶"，在扶智力、扶技术的同时，更加注重扶志气、扶志向，调动群众脱贫攻坚的积极性。不扶懒汉，不扶不孝，倒逼和激发贫困群众内生动力，立下坚决脱贫的志向，靠党靠集体，更要靠自己。

■ 身残志坚"尹大哥"

厦坪镇菖蒲古村贫困户尹厚根身残志坚，努力脱贫。图为尹厚根在农家书屋整理图书

　　"尹大哥，我们来看看你！"2019 年元月的一天，厦坪镇菖蒲古村的村干部又一次登门走访。"哦，欢迎，你看我刚才在熏腊肉，手脏，快坐下！"村民尹厚根挂着拐杖从厨房走出来，虽然腿脚不便，但他精神矍铄，声音洪亮。

　　因为患小儿麻痹后遗症，尹厚根双腿落下了残疾，没有成家，早年日子过得紧巴巴的，被确定为"红卡户"。但他脑子活络，学过家电维修，贩过菜，卖过冰棒，还自学照相，在景区挣点钱，现在又做起了租赁红军服的生意，收入不错。家里哥哥、弟弟相继离世后，他毅然带大两个侄女，她们先后考上很不错的大学，他也谱写了一曲不畏艰难、身残志坚的动人乐章。

"哪里有什么穷，就是懒，只要肯做都能挣到钱。我一个残疾人都可以找到饭吃，别人怎么不行？"尹厚根的一席话，让人陷入沉思。

■ 豆腐里的脱贫路

凌晨6点，黄坳乡洪石村下湾组的李彬华匆匆行走在赶往集市的乡道上。伴随一阵吆喝，新做的豆腐便装入袋子中，带到乡亲们的餐盘上。担子上，还有几板豆腐要乘坐班车，送往

黄坳乡洪石村下湾组贫困户李彬华正在包装井冈山茶油豆腐乳

25公里外的几家餐馆。另外，还有几盒包装精美的井冈山茶油豆腐乳，将要通过物流，到达800公里外的广东。老熟客将通过美食，一尝乡愁滋味。家里，妻子黄红香忙碌着收拾做豆腐的工具，再用豆渣拌着番薯叶、米糠，喂养七头生猪……

这就是李彬华一家的日常生活。

李彬华一家的日子原本过得也不错，他在学校当老师，妻子在外务工。但2014年家庭经济情况急转直下，这一年，他们的第二个孩子出生了，却患有唐氏综合征。为了给孩子看病，夫妻俩到处借钱，加上之前建房借的钱，欠债近12万元，被村里评为"蓝卡户"。

2016 年，夫妻俩学习怎样做豆腐，在村里的帮助下贷了款，开始专心创业。最忙时，夫妻俩连续两天都没睡觉。

一分耕耘一分收获。

而今，夫妻俩每月至少有 3000 多元的稳定收入。加上贫困户的补贴、孩子学费的减免等，生活在一天天明显改善着。

最让夫妻俩高兴的是，患病的孩子学会了自己吃饭，情况在慢慢好转。让一家子终于看见希望的绯红晨曦，在前面摇曳着、闪烁着。

■ 不屈不挠"井冈竹"

井冈竹，雪压即弯，待温度回升，便抖落一身积雪重现挺拔；井冈人，贫不穷志，只需政策好，就铆起劲奋斗奔向美好生活。

"红米饭那个南瓜汤哟咳啰咳……"大陇镇源头村的一家农舍里热闹非凡，女主人廖叶云嘹亮的歌声，赢得了一桌人的掌声。他们都是来自全国各地参与"重走挑粮小道"的学员。一曲歌毕，廖叶云又忙碌起来。

新晒的笋干炒肉，配的红辣椒、大蒜头都是地里刚摘出来的；南瓜汤，汤色金黄，清香扑鼻；红米饭，颗粒饱满，口感香甜……学员动手，廖叶云协助，一会儿，七菜一汤摆满桌。

2016 年，这里被全国青少年井冈山革命传统教育基地列为体验教育点，征集农户做"挑粮上井冈　自做红军餐"项目。

其中就包括廖叶云。她的命运坎坷，丈夫因车祸瘫痪在床，连吃饭都要她喂。当她毛遂自荐做"红军餐"项目时，有村干部劝她放弃，说政府会考虑她家困难，给予最大限度的扶持。但好强的廖叶云觉得，靠政府不能靠一辈子，还得自力更生。于是，她夙兴夜寐，在悉心照顾丈夫的同时，单枪匹马修缮了屋顶，改建了厨房、厕所，种起了蔬菜，开始经营"红军餐"。

接待一个学员按 30 元收益计算，2018 年，她就在家门口挣了 15000

大陇镇源头村贫困户廖叶云与学员们在一起

廖叶云带领学员们"重走挑粮小道"

元左右。加上养猪、养鸡的收入以及保洁员的工资，廖叶云全年收入4万多元。

"以前做梦也想不到能过上这样的好生活！虽然辛苦，但心里甜滋滋的！另外，两个出嫁的女儿有良心，常回家看望病床上的父亲。儿子也争气，大学毕业后留在上海发展。"廖叶云逢人必讲，心里好似灌了蜜。

第四节　依靠群众　合力脱贫

"到群众最需要的地方去。"井冈山市3000多名党员干部，带着感情责任、带着资金技术上门帮扶，每月驻村时间20天以上，与群众同吃同住同劳动。实现了每个乡镇都有帮扶团，每个村都有帮扶工作队和第一书记，每个贫困户都有帮扶责任人。各级党员干部发挥引领作用，扑下身子，卷起裤腿，在实践中摸索构建"干部＋脱贫""党建＋脱贫"等帮扶长效机制，带领贫困群众共建美好家园。

■ 井冈"守山人"

一件白衬衫、一双黑色运动鞋、一枚鲜红党徽，这是井冈山市委书记、井冈山管理局党工委书记刘洪进村入户的"标配"。作为井冈山的"守山人"，刘洪扛起重任，带领全市干部群众日夜奋战在脱贫攻坚的战场上。

对出生于农村、成长在基层的刘洪而言，"脱贫"一直是他人生字典里的一个关键词。从1985年参加工作的第一天起，他就摸爬滚打在革命老区和贫困地区。从永新县，到吉安县，到井冈山市，刘洪先后在三个国家扶贫开发工作重点县担任过县（市）委书记。

巍巍五百里井冈，处处涌动着脱贫攻坚的浪潮。刘洪带领党政一班人，一头扎进脱贫攻坚的莽莽群山中，针对"红绿"交相辉映的自然禀赋和优势，井冈山提出"红色引领，绿色崛起"发展战略，寻找彰显自身优势、凸显地域价值的发展路子，努力实现"红色最红、绿色最绿、脱贫最好"的奋斗目标。

"一定要整体搬迁出去，让老百姓住上像样的房子！"在井冈山最偏远的一个自然村——西坪村，刘洪带领干部步行十余里山路来到村里。看到村民世世代代走的是泥土路，住的是土坯房，他当场下定决心。之后，他又逐户上门了解情况，与大家一起想办法、找点子，制定了整体搬迁方案，在山下罗浮建起了一个移民小区，使 18 户贫困户全部乔迁新居，一举脱贫。

九丰农业博览园是刘洪引进的一个项目。在洽谈投资时，刘洪除关注项目前景外，最关心的就是能带动多少贫困户增收。

刘洪经常说："过去我们在发展中关注更多的是 GDP 增加多少？财政收入实现多少？固定资产投资了多少？现在我们更注重的是村集体经济收入如何？农民人均纯收入如何？贫困发生率如何？"

从"老三问"到"新三问"，从刘洪身上感受到的是一种公仆对人民的情怀，是一片绿叶对根的情意。

井冈山市委市政府下定决心、咬定青山，推行市委常委带头领衔的"321"帮扶责任机制，充分发挥党组织的战斗堡垒作用，3000 多名党员干部、112 名村"第一书记"，组成 25 个扶贫团、126 个驻村帮扶工作队，在脱贫一线冲锋陷阵，不脱贫，不收兵。

■ 帮扶"排头兵"

2015 年江西省农业厅选派罗军元到井冈山市新城镇排头村任"第一书记"。

为了让贫困户早日脱贫，罗军元争取了 50 万元的项目资金，将排头村集中连片的荒废鱼塘进行标准化改造。他又筹资 45 万元，建立了排头村果蔬种植基地，把基地大棚优先承包给贫困户种植，为他们提供辣椒苗种和火龙果苗，免费帮他们做技术服务指导。他还邀请了

省农业厅选派到新城镇排头村任"第一书记"的
罗军元（中）帮助贫困群众发展产业

省农科院、省水科所、南昌市农业局等单位的专家来排头村开展技术培训。

被称为"排头兵书记"的罗军元，忙着村子里的"一地鸡毛"，极少回家与亲人团聚，但是当他看到村里建起了一个现代化农业示范基地，每年带动贫困户户均增收 3000 元时，感觉自己所吃的苦以及对家人的愧疚，都是值得的。

■ 带富"领头雁"

拿山镇长路村村支书刘足华在果园基地里耐心为群众作修剪果树枝条示范

小寒时节，料峭寒冬，井冈山上的雾凇如梦如幻。朵朵洁白的雪花，映衬着红土沃野的明亮纯美。

在拿山镇长路村的果园基地内，草莓正羞涩地露出笑靥；翠绿的萝卜苗，在冬日的斜风细雨中翩翩起舞。

长路村村支书刘足华正在果园基地内埋头修剪白果山梨的枝条，细雨打湿了他双鬓的丝丝银发，他全然不顾。

刘足华在井冈山市畜牧养殖场下岗后，回乡创业。2003 年，他成立了井冈山拿美华园林苗木有限责任公司，承包新城区园林绿化工程，慢慢有了积蓄。2009 年，成立井冈山市华美园林苗木专业合作社。

2011 年，他开始担任长路村的村支书。

刘足华明白，村里没有产业，只靠给钱送物来脱贫，终究是空中楼阁。为此，2015 年，他吸纳了 11 户贫困户入股合作社，贫困户以扶贫资金 1 万元入股，至 2020 年每年参与 15% 的股金分红。同时扩大果业蔬菜基地规模，流转土地后，补偿村民的土地收入。贫困户还可到基地干活，获取劳务报酬。

贫困户郭俊仁，自己体弱多病，妻子智障，沉重的压力使他一蹶不振。刘足华知道情况后，让郭俊仁的妻子来到果业蔬菜基地务工，帮助他家建了新房，又依托政策为其女儿减免了学费。而今，郭俊仁的女儿已经大学毕业并当上了教师，一家人的生活可谓"芝麻开花节节高"。

■ 致富引新路

在龙市镇相公庙村，干净的水泥路直通村民家门口。田间一排排蔬菜大棚内，村民忙得热火朝天。

很难想象，以前这个村庄没有路灯、不通水泥路，村内出奇的脏乱差！

2014 年，林佳源担任相公庙村支书。他选派年轻有朝气的党员任村干部，让年轻党员挑大梁，使党支部建设步入良性循环。

新鲜"血液"带来新气象。"80 后""70 后"的年轻党员充满激情，整个团队的精气神迅速提升，干劲十足。

2016 年，村里争取资金，建造了 14 座蔬菜大棚，用于解决贫困户就业问题。

尝到甜头的村民，另外筹资建大棚。第二年，村委又决定开发 50 亩果园，增强集体经济。其中 30% 用于巩固脱贫，20%—30% 用于贫困户子女教育基金，40%—50% 用作村集体基础设施项目建设。

大伙都说，"给钱给物，不如给个好支部"。

　　井冈山把推进"一强化、三规范、一监督"的"131"治理模式作为试点，推动党组织与新时代新要求深度融合，解决好组织"带不好头""发不出声""服不好务"等各种问题，补齐工作"短板"，增强发展能力，推进脱贫攻坚，把好事办好、实事办实，让更多贫困群众受益，尽情追梦。

龙市镇相公庙村村支书林佳源指导群众发展蔬菜种植

■ "希望小镇"新生活

　　清晨，走进罗浮土山自然村，美观精致的民居、干净整洁的乡道，为冬日的静谧涂上了一抹温暖的亮色。"井冈山华润希望小镇"几个大字赫然出现在村子的入口，令人平添几分好奇。这到底是个怎样的小镇？有着怎样的故事？

　　今年66岁的土山村农民张香莲，刚从附近菜市场提了一篮子新鲜蔬菜回来。她家门口的"山泉民宿欢迎您"几个大字十分醒目，有游客前来住宿的话，张香莲清晨就得多买些菜回家。

　　张香莲与丈夫育有一儿两女，孩子之前都在外地打工，两个老人在家里以种田为生。井冈山华润希望小镇项目启动，帮她家新建了一栋漂亮的民居。想着在家可以更方便地照顾老人和孩子，女儿便从深圳辞职，与父母一起经营民宿。

　　冬季，是井冈山旅游的淡季。土山村农民席敏兰便在家收拾家务，她平时在米兰花酒店做客房服务员。

米兰花酒店是华润希望小镇的项目之一，自从酒店开业后，席敏兰便辞去了茨坪的工作，正式在此上班。

华润慈善基金向小镇捐赠 7500 余万元，新建米兰花酒店、幼儿园、福利院、罗浮医院门诊楼 4 栋公共建筑；改造粮仓、祠堂、罗浮医院住院部等公共建筑。小镇涉及新建民居 28 栋，改造民居 100 余栋，并配套修缮村内道路及综合改造村内景观，让深山里的村民，也吃上了香喷喷的"旅游饭"。

云雾缭绕，绿色掩映，井冈山市华润希望小镇风景如画

华润集团帮扶井冈山市建设的华润希望小镇

■ "友谊之舟" 渡幸福

自 2013 年以来，一艘艘 "友谊之舟" 驶向了井冈山。来自全国的 "三联" 单位凭借自身发展优势，牵手井冈山，真金白银推进老区建设。

2015 年，古城镇与江苏省张家港市结为 "三联" 单位。通过群众提出，政府请求，张家港市陆续建设一批帮扶对接项目。

搬进新居的一刻，廖万森喜极而泣。

今年 68 岁的他，常年多病，祖祖辈辈生活在下七乡偏远的光明村，一家人一直挤在不足 50 平方米的土坯房里。现如今，住在宽敞明亮的 "爱心公寓"，生活品质、幸福指数不断攀升。

爱心公寓，是福建省福清市专门为下七乡援建的 "交钥匙" 工程。

"金杯银杯不如老百姓的口碑。"

在龙市，上海市长宁区援建的相公庙村河堤水渠修建、红色景点改造、老城区街道提升等项目，赢得当地群众的好口碑。

在茅坪，江苏省海门市多方筹资 120 万元，实现了当地自来水户户通，1500 余人从此告别饮用泥巴水。

在拿山，江西省贵溪市帮扶的井冈蜜柚标准示范园建设、红心猕猴桃基地扩种和教育助学等项目，让群众享受丰收的喜悦，感受梦想的光芒。

在厦坪，安徽省巢湖市在菖蒲筑起了美轮美奂的沿河景观带，与当地旅游主管部门组织实施农家乐改造提升工程，积极打造出 "最美生态乡村农家休闲驿站"。

在罗浮，浙江省绍兴市柯桥区倡导的人畜分离点新农村建设效果显著，农户种养殖产业规模逐步壮大，绍兴会稽山酒业与井竹青集团合作研发出新一代红米酒产品 "红族"，进一步改良了酒业酿造技艺。

一艘艘 "友谊之舟" 载着更多的老区群众，乘风破浪，驶向幸福的彼岸、美好的未来。

井冈山借鉴联建单位经验，精心打造人畜分离新农村建设点：罗浮移民社区——梦想家园

今朝更好看

——有什么井冈之变？

那是千万双手臂托起的太阳，

那是千万双目光注视的倔强，

那是用心呵护的坚定信仰，

那是山沟里盛开的崭新希望。

圆梦脱贫，

那是一粒粒种子，蓬勃的力量，

那是一张张笑脸，幸福地绽放。

2019 年中央电视台春节联欢晚会分会场之一设在了井冈山。
在珍贵的 7 分钟内，央视春晚亮出了新时代新井冈的崭新形象

交通状况曾极其落后的井冈山，如今有了井冈山机场，拉近了井冈山与世界的距离

泰井高速，全国第一条通达国家级风景名胜区的高速公路

旧貌换新颜。左图是 1957 年的茨坪。右图为如今的茨坪。
晨曦中，闪耀着井冈人民脱贫之后幸福生活的光芒

第一节　梦圆脱贫

一、传来好消息

2017 年 2 月 26 日，对 17 万井冈"老表"来说，是无比自豪的一天。这一天，井冈山市正式通过了国务院扶贫办委托第三方开展的贫困县退出专项评估，并向全国、全世界宣告：井冈山在全国率先实现脱贫摘帽。

消息传来，井冈山沸腾了！

从中国革命的起点到全国全面脱贫奔小康的新起点，井冈山，再一次向世界证明，井冈山脱贫之路，是一条风雨兼程的奋斗之路，也是一条鼓舞人心的胜利之路。

全国第一个率先实现脱贫，井冈山，了不起！

党的十八大以来，党中央从全面建成小康社会出发，把扶贫开发工作作为实现第一个百年奋斗目标的重要任务，全面打响脱贫攻坚战。

2017 年 2 月 26 日，江西省新闻办召开的新闻发布会上，
宣告井冈山在全国贫困县中率先脱贫摘帽

井冈山率先脱贫"摘帽"，只是新时代万里长征的第一步。要确保可持续脱贫，全面奔小康，依旧任重而道远。

如今的井冈山，主动适应经济发展新常态，自觉践行发展新理念，坚持"红色引领，绿色崛起"，努力在弘扬跨越时空的井冈山精神上，争当排头兵；在打造美丽中国"江西样本"，发展绿色经济上，争当排头兵；在巩固提升脱贫成效上，争当排头兵。

"红色最红、绿色最绿、脱贫最好"这闪光的承诺，是脱贫攻坚道路上的金色路标，脱贫后的井冈山人民朝着全面建成小康社会的美好愿景继续前进。

二、彭夏英家向小康迈进

井冈山的革命故事充满传奇，井冈山的脱贫故事催人奋进。

接下来，让我们再次走近彭夏英，听听她"破茧化蝶"的神奇故事。

在井冈山市茅坪乡神山村这个名不见经传的小村，彭夏英可是响当当的名人。然而曾经的彭夏英家却是神山村有名的贫困户。

最让她感到愧疚和遗憾的是，女儿彭张芬初中只读了半年就辍学了。后来，两个弟弟也一前一后辍学了，他们只读到小学毕业，就告别了校园。

穷则思变。随着井冈山扶贫开发规模化的全面推进，全国村级扶贫攻坚拉开序幕，春风给神山这个祥和安静的小山村送来了阵阵暖意。

在扶贫干部的悉心指导下，彭夏英家种植了黄菊花，饲养了母牛和黑山羊。最多的时候，黑山羊有60多只，给一家人带来了发家致富的希望。黑山羊繁殖能力强，每只羊喂到八九十斤，能卖个好价钱。在神山村，她家的养殖业搞得最好，夫妻两人花费的时间也最多。

客家有句谚语："吃唔穷，着唔穷，么划么算一生穷（吃不穷，穿不穷，不会计划一生穷）。"2016年，彭夏英家获得了两万多元的扶贫资金。和所有贫困户一样，彭夏英将这笔资金作为股金，入股到村里成立的黄桃和茶叶产业合作社，每年都有分红。真金白银的分红款装到荷包里，是真真切切的实惠。

2016 年底，彭夏英主动退出了贫困户名单，不再申领扶贫款了。

有人说她傻，这钱是政府给的，不要白不要。彭夏英认为，原来自家是真贫困，现在家里的生活一天天好过了，就不应该增加政府的负担，扶贫款要让给更需要帮助的人。

井冈山市茅坪乡神山村彭夏英家旧房变新样，日子越过越红火

"政府是扶持我们的，不是抚养我们的。"彭夏英，这个只有小学文化的山里女人，说出了一句有水平有哲理的话。

有人问她怎么想起来说这句话，她这样回答：

扶贫干部打着铺盖住进村里，日夜为我们操心，挨家挨户上门帮扶，是真扶贫，也是扶真贫。他们办事公道，一榜一榜公布村里扶贫款的发放，透明得很，我心服口服。在扶贫干部的帮助下，我家的日子好过了，就要把扶贫款让出去，让给更需要的人家。扶持我就已经很满足了，抚养就没必要。有些电视台和报纸的记者采访我，说是不是我先背好了稿子，说得那么有道理。其实，还真没有，我家的变化都在这里明摆着呢，连游客都羡慕我们山里人的神仙日子！

彭夏英说：来我家参观的城里人慢慢多起来了，我家于是就办起了神山村第一个"农家乐"。最多时一天接待 60 多人用餐。按 8 人一桌计算，一共 8 桌。一桌除去成本，可以净赚100 元。现在，家里的客栈每间每晚收费 100元，旺季房间紧俏。我们还开起了小卖部，卖些茶叶、笋干、香菇、木耳、果脯等。我家老张原来就有竹编的手艺，空闲时就编些竹筐竹篮卖。有时，到山上采些兰花和映山红，也能换点钱。现在，家庭收入一年有 10 万元呢。

彭夏英夫妇俩
对脱贫奔小康充满信心

第一个开办"农家乐"，第一个卖兰花，第一个主动放弃扶贫款，第一个在自己小院子里升国旗。说起彭夏英家的新变化，四个神山村"第一"，含金量都"杠杠的"。

第四届"感动吉安"人物、全省脱贫攻坚奋进奖、全国脱贫攻坚奋进奖，一项项荣誉让彭夏英成为井冈山的"脱贫明星"。

彭夏英办起了神山村第一个"农家乐"，游客纷纷慕名而来

再一次去神山村，彭夏英刚刚参加完中国妇女第十二次全国代表大会，从北京回到神山村。

在彭夏英家的门框上，一副红红的对联表达了她全家人的心声："翻身不忘共产党，脱贫全靠习主席"，横批是"共产党好"。

感恩奋进的彭夏英，又迈出了向小康进军的新步伐！

第二节　产业之变

"绿树村边合，青山郭外斜"，行走在井冈山农村，满目的绿，这是翠竹的颜色、古樟的颜色、松柏的颜色、水杉的颜色。目光所及的绿，是大自然奉献给这片红土地最好的装饰，是美丽乡村建设的一抹瑰丽色彩。在政策护航、人才引领和科技助攻下，"老表"们因地制宜，开"农家乐"，搞生态种养，办农家小作坊等，用劳动开启新时代的美好生活。

一、农民变股民，走上致富路

"哇，瞧一瞧，看一看，眼前全是稀罕物。两米多长的蛇瓜，从绿棚上垂吊下来，那叫一个壮观。这儿还有呢，金灿灿的柠檬，像一个个金娃娃长满枝桠，奇形怪状的南瓜，又让游客耳目一新。"寒冬腊月，走进"农旅一体"的井冈山市现代农业科技园，100多种蔬菜瓜果、40多种植物尽收眼底，生机盎然。

井冈山市拿山镇江边村委会江晶主任说起这一千亩的"聚宝盆"，抑制不住内心的喜悦。"这个现代农业科技园在我们村，是一个集蔬菜种植、种子种苗培育、农业技术服务、农产品深加工、休闲旅游观光为一体的高科技农业博览园。原来不起眼的撂荒地，现在打造成了现代高效农业园区，大力发展休闲观光、乡村旅游等城郊特色效益农业，农民通过出租土地、在园区打工，获得了实实在在的真金白银。"

江晶还介绍了更加美好的发展蓝图。按照规划，井冈山市现代农业科技园分两期建设，一期的基础设施、智能观光大棚、连栋大棚，已经产生了效益。二期为海洋馆、科研培训中心、蔬菜加工配送中心。全部完工后，将推进井冈山农业旅游一体化及现代服务业的共同发展，进一步巩固提升井冈山脱贫攻坚成果。目前，现代农业科技园已建成一栋占地 6.1 万平方米、亚洲最大的现代化独栋智能观光大棚，一栋 12 万平方米连栋多功能生产大棚，以及智能化育苗中心、产品深加工车间、生态餐厅等配套项目。

园内不远处，10 多名身着绿色制服的女工正在清理残叶、进行土壤改良。她们都是江边村地地道道的农民，在这里工作了 10 个多月，8 小时工作制，每月工资两千多元。

井冈山市拿山镇江边村库下组兰冬妹在科技园打工

"以前种水稻，一年还挣不上几个钱。现在政府安排我们到科技园打工，不出村就有了一份稳定的收入，还能照顾家里，也和城里人一样上下班，姐妹们在一起也开心。以前，这样的好事，想也想不到。"兰冬妹是江边村库下组人，她的话语里，透露出一股职业新农民的豪气和喜悦。这次从农民手

井冈山市现代农业科技园里，100多种蔬菜瓜果、40多种植物尽收眼底，生机盎然

中流转的土地，租期是20年，村民按当年每亩450斤稻谷的市场价收取租金。同时，按土地纯收益的5%收取股金，加上在科技园打工赚钱，一年下来，人均增收两三万元没问题。村民们在园区按点上下班，每月领工资，定期收租金，过上了惬意悠闲的新型职业农民生活。

井冈山市现代农业科技园优质高效的农业生产模式，让很多像兰冬妹这样的贫困户在家门口就业

井冈山市按照"一户一丘茶园，一户一片竹林，一户一块果园，一户一人务工"的"四个一"产业扶贫的要求，全力实施农业产业"231"富民工程，重点发展茶竹果产业，打造 20 万亩茶叶、30 万亩毛竹、10 万亩果业，大力发展井冈蜜

茅坪乡神山村村民手工炒茶

柚、猕猴桃、黄桃、奈李特色种植，坚持走高效生态、特色精品的富民产业路子。村民们通过流转土地、基地打工、股权定期分红等多种方式获得工资性、经营性、投资性等多种收入，实现了资源变资产，资金变股金，农民变股东，走上致富之路。

黄坳乡茶业基地

井冈山市全力实施农业产业"231"富民工程，重点发展茶竹果产业，
打造 20 万亩茶叶种植基地。让农民变股民，走上致富路

井冈山市全力实施农业产业"231"富民工程，重点发展茶竹果产业，打造 30 万亩毛竹基地。
让漫山遍野的毛竹资源变成农民脱贫致富的"绿色银行"

坚持产业为根，井冈山大力发展"231"富民工程，按照"四个一"产业扶贫模式，大力发展井冈蜜柚、猕猴桃、黄桃、草莓等特色种植，坚持走高效生态、特色精品的富民产业路子

二、园区变景区，生金又产银

井冈山市现代农业科技园是一个集蔬菜种植、种子种苗培育、农业技术服务、
农产品深加工、休闲旅游观光为一体的高科技农业博览园

党的十八大以来，井冈山市转变农业发展方式，深入推进农业供给侧结构性改革，加快现代农业转型升级，不断推动农业产业跨越式、高质量发展。

井冈山市现代农业科技园的王守明说："公司每年要免费培训当地种植户 2000 名左右，在井冈山全市普及设施蔬菜种植知识，并带动周边蔬菜种植 5 万亩，逐步构建井冈山市蔬菜大市场。"科技园每年要从门票收益中拿出 20% 给市、乡、村三级，每年要投入 40 万元建立扶贫基金，还要拿出 20 万元壮大村级集体经济，从而实现一个企业辐射带动整个镇的发展目标。

欣欣向荣的园区建设，给老百姓带来了实实在在的好处。现代农业是一个大工厂，能让土地流金淌银。抓住问题的牛鼻子，就有了拓展工作的动力源。为此，井冈山市大力发展现代特色农业，坚持一二三产业融合、农旅

井冈山市现代农业科技园变成了生金又产银的景区

井冈山市现代农业科技园连片大棚

文一体化发展思路，推进"现代农业＋旅游"融合发展，形成"园区景区化、农旅文一体化"。同时，结合井冈山产业特色、文化内涵、传统民俗等，下大力气打造一批高科技现代农业科技园。

展望未来，王守明信心满怀：科技园全部达产后，每年将生产优质蔬菜 1500 万公斤，产值 4500 万元，特别是海洋科普馆建成后，预计每年将吸引游客 150 万人，实现门票收入 1.2 亿元，同时可带动周边村民发展民宿和"农家乐"，实现现代农业"锦上添花"的新气象。

作为这次农业转型的受益者江边村，健全的新型农业生产经营体系，创新的土地流转机制，引导了农村土地经营权的有序流转。同时，发展土地入股、技术入股等多种形式的适度经营，让老百姓得到了实惠。这种稳步推进农村集体资产量化确权改革，建立健全集体资产运营监管和收益分配机制的脱贫模式，切实可行，公司有效益，农民有收益，土地的利用尽善尽美，这种双赢模式，为井冈山贫困人口脱贫闯出了一条新路，是产业之变的制胜法宝。

从新产业、新业态角度来看，观光农业、体验农业、功能农业等各类新兴业态的蓬勃发展，更加丰富了中国农业产业的类型类别，也为农民提供了更加广阔的就业机会和增收空间。

第三节　乡村之变

载着一车的思念，载着一车的期盼，在外的游子回到朝思暮想的家乡。看，燕子在田野自由飞翔，宽阔的柏油马路上，小轿车来回穿梭。一阵农村特有的泥土芬芳，夹杂着油菜花的清香，扑面而来。一排排楼房，整齐划一，梦中的老家，有了新变化。这些大山深处的小村，老百姓的幸福感在稳步提升，凝聚成为继续推进农村变化的强大合力。

一、美丽乡村"靓"起来

旋转的风车、悠闲的灰鹅、飞翔的白鹭、七彩的花卉……看一方山清水秀，望一片世外桃源。在井冈山市柏露乡长富桥村鹭鸣湖景区里，群山环抱的自然生态让游客流连忘返，如痴如醉。注重生态环境发展是乡村脱贫攻坚的又一个新特色、新亮点。

长富桥村离高速路口只有 3 公里，到黄洋界和茨坪车程都在 40 分钟以内。村支书吴雪香说："长富桥村是柏露乡的脸面，也是井冈山的脸面，一个村子要想光鲜亮丽，和人一样，需要好好梳妆打扮，如果咱们村再同原先一样，土气、破旧、灰蒙蒙，人家旅游团来咱们这里，拿啥给人家看？"

长富桥村以前的模样，如今已经成了对比照片中的影像。吴雪香上任的

在柏露乡长富桥村，原来的鹭鸣湖是一片荒了的老河床，也是白色垃圾"重灾区"。如今，鹭鸣湖变美了！2016 年对接鹭鸣湖环境整治与长富桥村坳下组美丽乡村建设，柏露乡引入田园综合体项目，依托独特山水优势，发展乡村旅游，探索"企业 + 农户"的共享模式，使村庄面貌和村民精气神都发生了翻天覆地的变化

第一件事就是治理垃圾。长富桥村四面环山，中间盆地，农民习惯乱扔乱倒生活垃圾，久而久之，家家户户门前都是垃圾堆。夏季雨水一多，塑料袋、饮料瓶等被一股脑地冲到水田里。农忙时，"老表"们自己也抱怨，要先把田

改造后的柏露乡长富桥村鹭鸣湖外景

里的垃圾捡拾干净，才能再耕田、插秧。井冈山天气潮湿，"天无三日晴"。以前，家里啥都能少，唯独不能缺一高一低两双套鞋。高筒套鞋雨天穿，低筒套鞋晴天穿。农村猪牛鸡鸭不圈养，村里到处是动物粪便，没有套鞋，根本出不了门。

长富桥村坳下组共有 13 户村民，村里的鹭鸣湖原来是一片荒了的老河床，也是白色垃圾"重灾区"。2015 年坳下组被列入整治重点，经过"揭疤去脓"的"治疗"，坳下组从"骨子"里透着另一番美：青山隐隐，溪水潺潺，花香阵阵，鸟鸣悠悠。一家公司相中了这个小村，2017 年正式签约，打造鹭鸣湖风景区，成为井冈山首个现代农业田园综合体的重要组成部分。

先前，坳下组 13 户村民，家家户户有两米高的围墙，这与景区环境格格不入。为了说服群众自主拆除围墙，吴雪香组织了一场特殊的"旅行"。

吴雪香邀请每家每户派出一个代表，前往大陇镇案山村旅游，又包车又包吃。在案山，大伙纷纷感叹，这个村真是漂亮、干净，村民放下了"锄头把"，拿起来"金话筒"，吃上了旅游饭！这时，吴雪香发话了："只要大家相信我，咱们村也能搞这么好！各家各户，回去先把围墙给拆了，好不好？"眼见为实，大伙一致同意，一下午，全村的围墙拆除了，坳下组一下子透亮了。

柏露乡长富桥村鹭鸣湖风车长廊清新秀美

拿着乡里拨付的5000元，吴雪香带着村干部，清理陈年垃圾和水渠，郭光球就是那时被聘为保洁员的。他回忆，一天拖运十几板车垃圾，前前后后忙活了近3个月。"谁家卫生搞好了，娶到家的媳妇会更漂亮！"吴雪香鲜活的宣传语，如一支强心针，振奋了村民的精神，提高了村民对环境卫生整治的认识，促进农村环境卫生整治取得成效。

村民李小明之前种植水稻，"出门靠脚走，种田靠天收"，现在开起了民宿，做上了"半个"老板。两个儿子都在外打工，留下两套闲置的房子，共12间房。2017年10月份，和两个儿子商量后，他将家里闲置房屋重新装修改造成了客房，改造费用是48万元，李小明只拿出24万元，另一半由投资商承担，营业后利润双方五五分成。坳下组到现在已经改造完毕26间客房，可以容纳一个50人左右的旅游团。

仅仅3个月时间，这里发生了脱胎换骨的变化。如今，帐篷、小木屋、露天餐厅、游泳池、水上乐园、酒吧等休闲娱乐设施一应俱全，一排排白墙蓝瓦的民房整齐排列，五颜六色的纸风车在长廊内迎风旋转。

在干净、漂亮、整洁、舒适的环境中实现脱贫，是群众最大的期盼。大力推进镇村联动和美丽乡村建设，25户以上的自然村全部通水泥路、通自来水，所有行政村卫生室、文化室、党建活动室均已达标，贫困群众实现了走平坦路、喝干净水、上卫生厕、住安全房的美好愿望。既"建起来"又"靓起来"，群众的居住环境有了质的飞跃。

这里的张张笑脸，是测试群众满意度的最好答案。

长富桥村的特色民宿，把村民们的闲置房间变成了家门口赚钱的好路子

二、"华丽转身"看案山

青的山，绿的水，清新的空气，和煦的阳光，一张竹椅上，游客李先生正在享受大自然免费的"奢侈品"。他入住的民宿就是别具意大利风情的"苏莲托"。

苏莲托位于大陇镇案山村，这里原来是周边村民赶集的墟场。一位广东籍客商的亲戚原本身体很差，搬到案山疗养后，奇迹般恢复健康。客商觉得这是一个好地方。在当地政府的帮助下，客商在红色墟场搞起了旅游度假村。2017 年 6 月 18 日，陇上行旅游度假村开张，村民废弃的土坯房被改造成民宿、商店、KTV、酒吧，除了收房租、地租，不少村民还在度假村里做起了小买卖。

暑假，旅游度假村迎来客流旺季。民宿、街道与主干道中间的池塘开满了荷花，"风蒲猎猎小池塘，过雨荷花满院香"，颀长的叶柄托起花苞，婀娜娉婷。"心随美景动，人在画中游"，傍晚时分，池塘边亮起灯光，游人恋恋不舍。整洁敞亮的庭院，匠心独具的盆景，摇曳多姿的翠竹，清澈见底的山泉，毛公九大碗菜品，还有洋溢着欧式风格苏莲托咖啡屋，多种元素的有机融合，让美丽乡村建设的规划，跳出了乡村模式，与外面精彩的世界有效对接。

苏莲托成了网红，去感受苏莲托风情的朋友，都纷纷晒出美景美食和美照，分享自己的旅行感悟。2017 年 2 月至 6 月，短短 120 天里，从一个闭塞脏乱的小村庄到洋气大方的美丽乡村，大陇镇案山村改造取得了初步成功。

一个星期拆完危旧房，两个月建成"农家乐"，4 个月建好民宿，这速度确实有点惊人。

允许目光再一次回眸：2017 年 2 月份，在井冈山市大陇镇案山村，一场新农村整治攻坚战全面打响，全镇干部分成 8 个组，班子成员任组长，细化任务，通过环境综合整治、房屋立面提升、村庄美化亮化、挖掘红色内涵、打造精品民宿等举措，案山村面貌焕然一新。

洁净平坦的石板路、整洁雅致的庭院、雕花红窗的客家小楼、白墙蓝瓦的房屋立面……走进井冈山市大陇镇案山村，恍若走进了一个古朴又现代的世外桃源。这个原本属于黄洋界山脚下的贫穷小村庄，华丽变身为一个山水田园度假村。

改造前，案山村只有一两条这样的稍微宽敞能通车的路

改造后，案山村每一条村道都清爽通畅、步移景换

村民们发出感叹：现在的案山村，家家户户门前自成一景。村里昔日的高墙全部被推倒，取而代之的是开放式的木栅栏。这种小小的改变，拉近了人与人之间的距离，化隔阂为信任，体现了小村庄打通闭塞、打开思路的决心，这不仅是村民们告别因循守旧、敞开心扉迈出的第一步，也彰显了一种人与自然更深度的融合与和谐。

破立之间，是群众思想观念的提升，也是打通乡村发展的"任督二脉"。

"几年前，村里除了一两条稍微宽敞能通车的路外，都是村民用脚踩出来的羊肠小道。大部分村民居住在危旧土坯房内，村子里厕所、畜栏杂乱无章，牛栏猪舍密布。"提及以前村里的状况，案山村村委会主任李宝来苦涩地说出此番言语。

工作组发挥职能，引进井冈山陇上行农业开发有限公司建立度假村，通过产业互助模式，创建红墟坊乡村旅游公司，打造山水田园度假村，发展壮大村集体经济，确保贫困户持续增收。

度假村的开发，让案山村容大变，更让这里的资源

在大陇镇案山村，陇上行公司
将村民闲置的房子进行改造，发展民宿

变成资产。陇上行公司将村民闲置的房子进行改造，发展民宿，装修的风格则尽显现代简约。有 12 户村民的房屋被改造，可同时容纳 50 人住宿，每户村民每年可获取 5000 元以上的租金。2017 年 6 月份正式接客以来，共接待了 3 万人次游客。此外，公司还将村里荒地打造成可赏花可采摘的莲塘，贫困户通过产业扶贫资金入股，享受分红。

"在家门口就业真是太好了，起码没有外出打工的离家之苦，一个月还能挣 2400 来块钱！"村民王根梅一番朴实的话，说出了案山村 51 户村民的共同心声。

俯瞰大陇镇案山村，
村庄清秀，青山翠竹
间阡陌纵横

度假村的开发，让大陇镇案山村村容大变，更让这里的资源变成资产。图为案山村民宿、咖啡屋、乡村酒吧、"农家乐"等度假休闲设施内外景

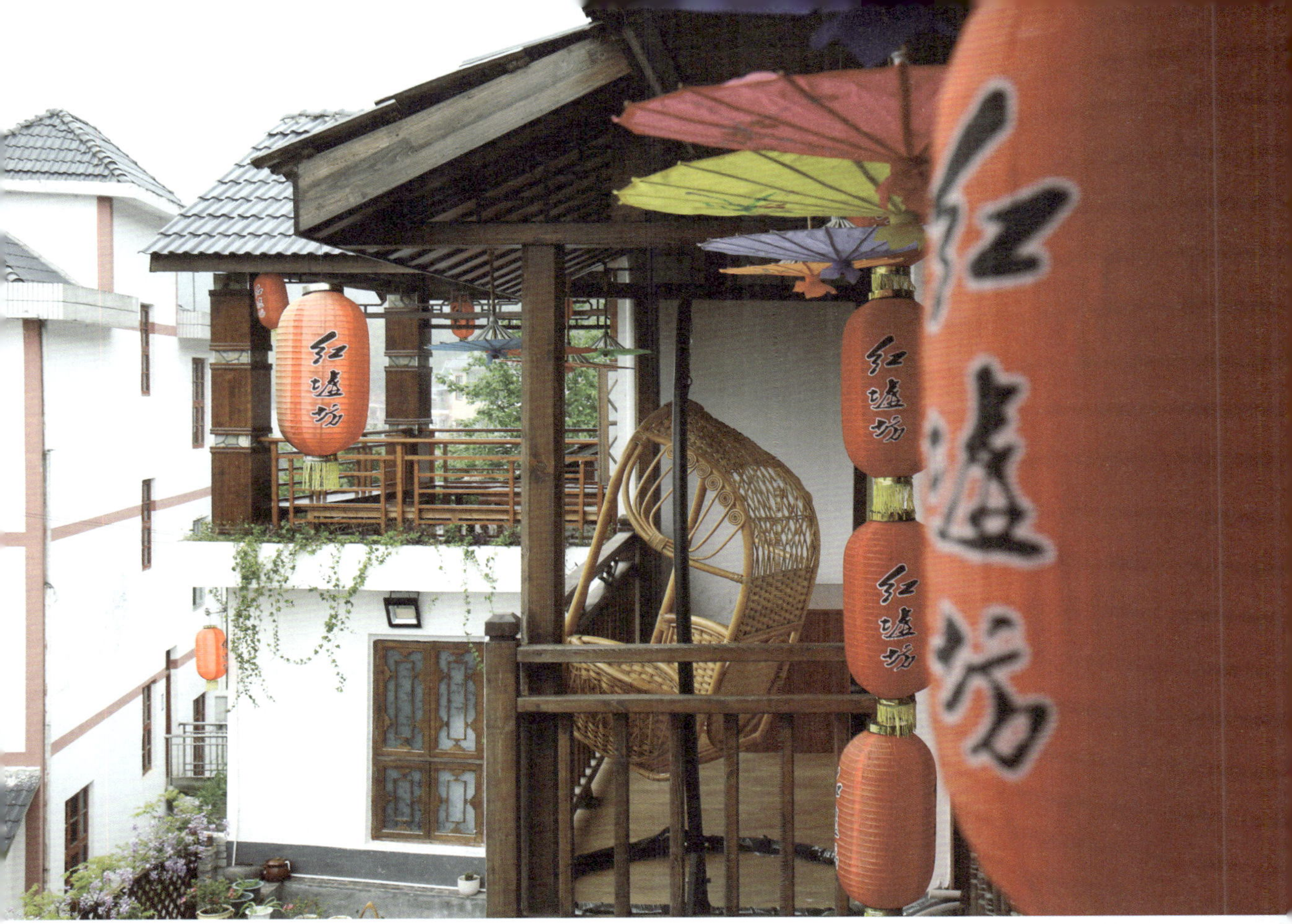
红墟坊
红墟坊
红墟坊
红墟坊

一口香
一壶
一壶

客

苏蓮托

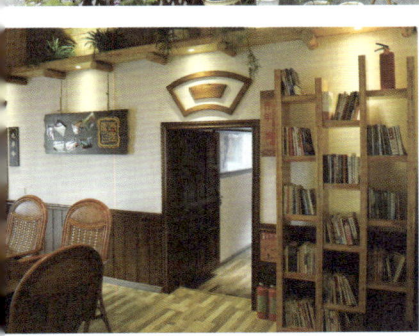

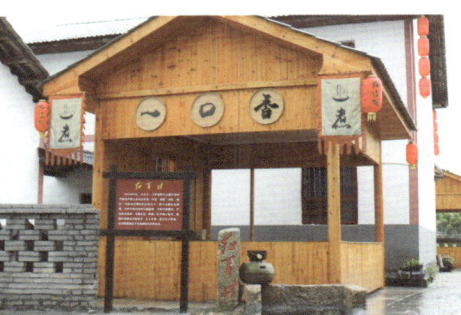

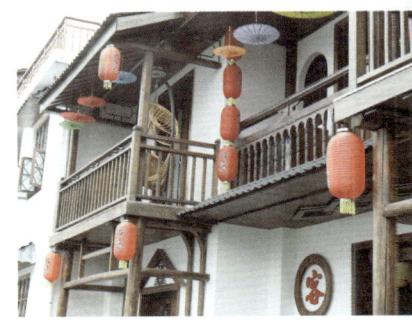

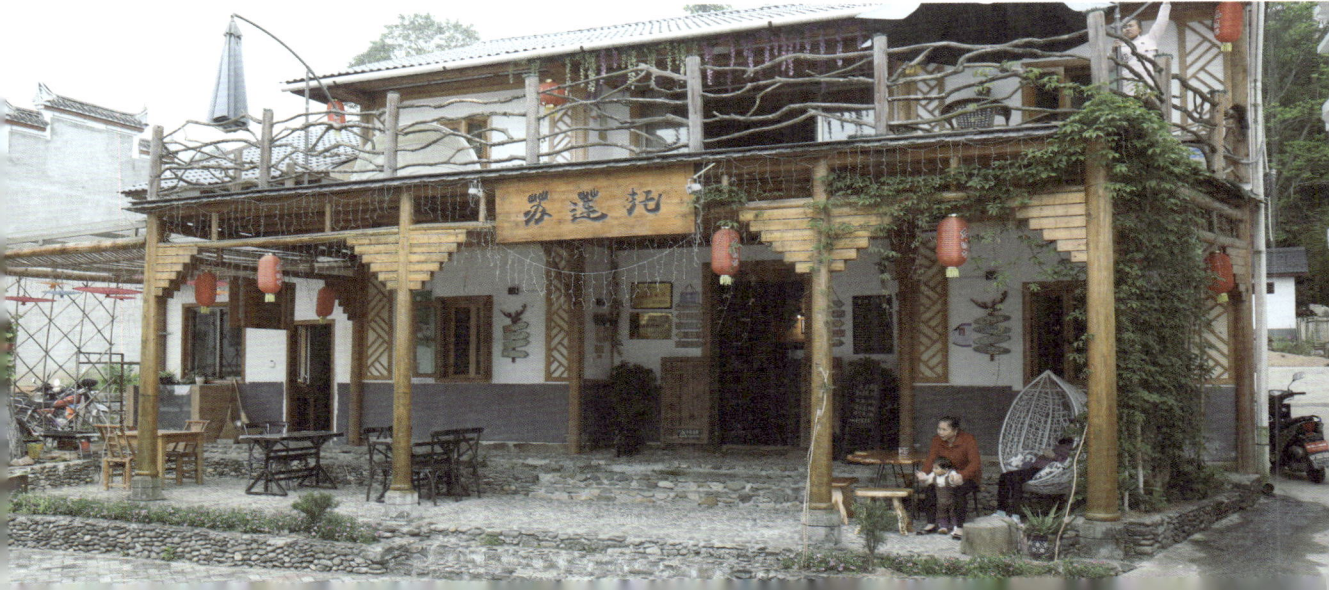

王根梅属于"70后"，高中文化，是最早回到案山村支持家乡建设的村民之一。之前，她和丈夫在广州打工多年，一年到头也存不下多少钱，还常常因为见不到孩子而伤心落泪。直到政府引进项目进村后，看着村里修葺一新，引来了川流不息的游客，王根梅夫妇心动了。她回到案山，开起了"农家乐"，一年收入五六万元。

随着工业化和城镇化进程的推进，井冈山市越来越多的农民工涌入沿海发达城市和井冈山的工业园区、景区务工，这些农民工的子女，成了农村的留守儿童。现在，在校的农村留守儿童有三千多名。与此同时，留守老人也同样得不到照顾。近几年，井冈山市在持续推进返乡创业就业，引导部分留守儿童父母返乡工作，一直不懈努力，村民的就业观念和方向有了新变化。

谈起生活的变化，王根梅高兴不已。"粗茶高吟井冈情，淡饭平添老表义"，王根梅指着门口的对联，笑着说，游客在我家吃饭，可满意了。

路修好了，房建好了，经济也搞上去了，村里像王根梅一样，从外地返乡创业的村民也越来越多。

生活品质的大提升，不仅让案山村村民望得见青山，看得见绿水，记得住乡愁，还让村民们的钱袋子鼓起来、心情愉悦起来。

外出打工的年轻人回家了，留守的老人和小孩有了依靠，当年的"空巢村"变成了如今的"幸福村"。

三、光伏发电助脱贫

2017年，井冈山市坳里乡引进江西中电仪能分布式能源有限公司，在全市率先实施光伏扶贫产业项目，总投资1700余万元，在寨下村建成总规模58.17亩、装机容量为2.5MW的光伏发电扶贫基地，年收益300余万元，受益贫困户162户，实现贫困户轻松坐享土地租金、分红股金、务工佣金，助力精准脱贫。

光伏扶贫基地。井冈山光伏产业的长效稳定收益，助力贫困群众迈过脱贫线

为了将发展光伏产业扶贫精准"到村、到户、到人"，在充分尊重贫困村和贫困户意愿的前提下，坳里乡以村为单位集中安装、集中管理、集中分配，电站每年为村集体经济和贫困户股权分红30万元。一方面，将全乡建档立卡贫困户捆绑入股光伏扶贫发电站，贫困户年均收益500元，做到了全覆盖、无缝隙，一对一精准扶贫，确保脱贫致富奔小康不落一户、不掉一人。另一方面，乡里将4个行政村纳入了电站受益方，每个村集体每年都可从股权收益中分红5万元。光伏扶贫为贫困村和贫困户开辟了稳定的增收渠道，照亮了全市贫困村和贫困群众的"脱贫路"。实现"输血式扶贫"向"造血式扶贫"转换。坳里乡创新将各种推动扶贫的元素有机串联起来，全力打好"组合拳"，将经济效益外延至扶贫的每一个领域，逐步形成"光伏+"的精准扶贫新模式。

"光伏+美丽乡村"，光伏发电扶贫项目拓宽了村级集体经济收入渠道，壮大了集体经济，有效解决了当地"空壳村"的问题。村级集体经济的壮大，增强了党组织的凝聚力，巩固了基层党组织的战斗堡垒作用，有助于村级公益事业及美丽乡村建设发展。

"光伏+就业"，针对有一定劳动能力的贫困户，依托光伏扶贫基地，积极引导贫困群众就业，支持贫困群众到基地就近务工，获取薪金。基地建成后，一些贫困群众在基地任安保人员，实现"一人就业、全家脱贫"。

"光伏+产业"，坳里乡主动作为，探索将太阳能发电和现代农业种植两者高效结合，通过光伏板下的种植产业，实现农场变工厂、田间变车间，提高土地的单位产出，增加农户收益，以最大限度地利用资源，增加生态和社会收益。

家住坳里乡寨下村王家山组的唐芳廷，妻子早年去世，自身患有肢体残疾，儿子、儿媳缺乏技术，同时负担三个小孩上学，生活非常拮据。光伏发电扶贫基地建成后，唐芳廷家每年可拿到光伏产业分红500元，他在基地一个月能有15—20天的上班时间，一天的工资是150元，仅此一项，唐芳廷每月就增加了近3000元的收入，如今的唐芳廷觉得日子更有奔头了。

四、醉美乡村"入丹青"

井冈风光处处美。不仅是黄坳，许多乡村在脱贫攻坚中都发生了巨变

湛蓝的天空、洁白的云朵、葱郁的树木、崭新的别墅、清新的空气……山岭间，翠竹摇曳，绿树成荫，白墙黛瓦的农家小院点缀在青山绿水间，恰似一幅幅水墨画。

井冈山黄坳乡位于井冈山风景名胜区的南麓，是井冈山通往港、澳、粤地区的大门。辖区有人口6126人，均为客家人，四海为家的客家人坚强而乐观的性格，为黄坳这片土地注入了崭新的活力。

黄坳乡石角村荷花"观赏园"是青年村民黄清平、黄小平两兄弟回乡创业的新项目，种植品质上好的"太空白莲"，已初见规模，准备进一步扩大种植面积。说起这些年村里的变化，黄清平最有发言权：小时候很苦，没有饭吃，我带着弟弟妹妹到山上挖野菜、冬笋、蘑菇，再拿到圩镇上卖。出门就要爬山，很不方便，赶圩，早上四五点钟就要爬起来，全靠一双铁脚板。那时，村上的小伙子找对象比登天还难，谁家也不愿意把闺女嫁到山旯旮里，村里的光棍多。现在，我们这里道路修好了，交通很方便，城里人到村里来，都说这里的空气干净，张着嘴巴直接能"喝"。

环境好了，村民们晚饭后都会出来散散步，在小广场上跳跳健身舞，打打柔力球，再也没有因为鸡毛蒜皮的小事吵架拌嘴的啦！

如今，在石角村，村民得到了实实在在的实惠。山上的荒地荒田，可以用来出租；家里闲置的房屋，可以出租或变卖给旅游公司搞"农家乐"，自己还可以在家门口当服务员或保安员，方便照顾家庭；8小时之余，还能把家里种的蔬菜、养的家禽，交给农村电商，卖出去又有收入。比一比，算一算，比起在外务工，在家门口，每月"工资"可观。有了增收，石角村村民自然喜上眉梢，原先外出打工的年轻人也陆续返乡，为村里重新注入了活力和生机。

昔日"藏在深闺无人知"的小村，从默默无闻到生机勃发，如今实现了由外至内的靓丽嬗变。生态更好，产业更优，环境更美，村民更富，黄坳乡在打造"示范村"的路上迈出了坚实步伐，正朝着"休闲、生态、旅游"的目标继续前行。

喜人的变化不只在黄坳。党的十八大以来，井冈山市紧紧围绕全域开发旅游的要求，对村庄实施提升改造。同时，配套环境整治，实施了105个村庄整治，全面开展农村生活垃圾分类和城乡环卫一体化，打造了茅坪乡神山和坝上、荷花乡大仓、古城镇长望等一大批设计新颖、施工精致、透着灵气、散发乡愁的美丽乡村精品点。

"满足人民日益增长的美好生活需要"，体现了中国共产党人的初心和使命，体现了新时代以人民为中心的价值追求。

井冈山国际山地自行车赛道，在黄坳乡的青山竹林中蜿蜒，引得骑行爱好者纷至沓来

第四节　精神之变

如今，茅坪乡神山村村民文化生活丰富多彩，大家积极参与，其乐融融

　　原来，井冈山市茅坪乡神山村农民的标配是"扁担＋解放鞋＋蛇皮袋"，今天，神山农民的新标配是"轿车＋电脑＋麦克风"，全村有专业导游十多人，拿起麦克风就可以讲解。这几年，通过干部进村入户帮扶，送技术，送项目，懒人不懒了，一个个精气神十足，成了脱贫致富的能手。扶贫工作有句名言：治贫先治愚，扶贫先扶智。

一、一张菜单，双重扶贫

　　对农民来说，富民不仅是富口袋，更要富脑袋。井冈山市文明乡村建设开启以来，就组建起政策宣传、文艺演出、科技助农等30余支志愿服务队，提供点对点、零距离"菜单式"服务，满足农户科普、法律、安全、文体等需求，把善意转变为善行，有效改变农民的精神面貌。

"乡村大讲堂"，用群众听得懂的语言讲群众需要的、有用的、感兴趣的内容，让群众就在家门口"充电"，用知识武装大脑，进一步增强脱贫致富的本领

成就新农民，不仅要物质富农，还要精神富农，把精神文明送到村、入到户、落到人。2017年2月份以来，井冈山市顺应群众需要，将"乡村大讲堂"活动作为深入开展党的群众路线教育实践活动的"自选动作"之一，深入基层一线，因需上课为群众解"渴"，因地设堂为群众解"忧"，架起一座干群沟通的"连心桥"，受到广大群众的一致称赞。

讲到村民的心里去，大讲堂才有吸引力。"乡村大讲堂"在井冈山市各乡村不固定地点，不固定形式，不固定内容，而是因地制宜，祠堂里、大树下、农村院落、田间地头，哪里方便群众听课，就在哪里开设讲堂。内容安排也有变化，以往"讲什么听什么"变成"群众想听什么讲什么"。针对各地不同实际，精心筹划了"时政宣传篇""创业致富篇""留守儿童关怀篇""幸福家园篇""民生与保健篇"等5个部分共20余堂课，"因需上菜"，真正端群众爱吃的"菜"，上群众爱听的"课"。在推进乡风文明建设中，井冈山市突出农民的主体地位，把提升农民素养作为首要任务来抓。

讲群众听得懂的话，才能真正赢得群众夸。"乡村大讲堂"的宣讲队伍里，有医生、老师、农技专家、致富带头人、回乡创业者，还有脱贫的红卡户，他们都是来自各行各业的一线工作人员。宣讲队员们既懂理论，

在茅坪乡文化站，图书阅览室成了农民闲时学习的好地方

更懂实际操作，与群众打交道的经验又十分丰富。用群众的话来说，他们都是实打实的"土专家"。

"乡村大讲堂"的宣讲人员围绕"创业贷款、拆迁安置、土地流转、病虫防治、惠民政策"等群众所关心的一系列民生问题，摒弃照本宣科那一套，有的传授自己的致富经验，有的讲自己的市场营销心得，有的还教大家唱山歌、跳民族舞，有的讲法律故事，有的谈自己的人生感悟。质朴的语言最暖心，接地气的宣讲，因为带着泥土的芬芳，让群众感到亲切、可信。

在丰富农村精神文化生活的同时，长溪村还推动形成健康向上的农村社会风尚。按修缮一批、改造一批、建造一批的思路，以"三室一廊"，即图书阅览室、教育培训室、文化活动室和宣传文化长廊为建设标准，扎实推进农家书屋建设，让广大农民在劳动之余有了学习、休闲的好去处，让村民感受到其中的乐趣。

精神文化生活日益丰富的同时，村民思想观念也随之发生了改变。如今，家家比干净、比卫生，屋子窗明几净，院子井然有序，赌博吹牛的少了，学习健身的多了。

新农民，新农村，新农业。一系列精神文明建设活动的开展，使井冈山市农民的精神面貌发生了明显改观：农忙有事干，农闲有消遣，一年到头精神足，洋溢在农民脸上的是幸福的眼神、满足的笑容和发自内心的喜悦！

二、"泥腿子"开"洋荤"

"夜半三更哟，盼天明，寒冬腊月哟，盼春风；若要盼得哟，红军来，岭上开遍哟映山红……"这是辅导员在教村民们表演大合唱。城里人的休闲娱乐项目，也转到农村来了，大爷大妈们都穿得干干净净的，聚到一起聊聊天，唱唱歌，跳跳舞。他们说，原来，吃了上顿没有下顿，哪里有心思去唱去扭呀，现在不一样了，吃穿不愁，日子顺心，"泥腿子"也学着城里人开开"洋荤"了。

扫二维码欣赏红歌
《映山红》

村民邓丽琴，今年 29 岁，属于新一代农民。她开心地说："原来俺们这没有水泥路，出门都是走山路，最苦的就是读书和赶圩，要翻过好几个山头。姑娘们累得脚抽筋，哭鼻子，发誓一定要嫁到山外去。一般家庭，把小孩供养到小学就不错了，能读到初中，就是非常了不起了。现在多好，水泥路、路灯、自来水通到村，网络宽带装进家，环境卫生有人管，别提有多好了。以前农闲时，大家聚在一起，不是聊一些东家长西家短的鸡毛蒜皮的小事，就是坐在一起'修长城'打麻将，有时，还会因为一点小事伤和气。现在，一到晚上，全村人都不约而同地到文化广场唱歌、跳舞。生活条件好了，心情就变好了，身体也健康了，如果一天不来跳舞，就总感觉缺了点啥。到'乡村大讲堂'上课，也学到了很多有用的知识。现在，年轻人在一起，不光比'富口袋'还比'富脑袋'。"

乡村振兴，就是要"振心"。如今，村民个个比家风，比眼光，比本领，再也不是从前没见过世面的山里人了。

三、俺们上春晚啦

2019 年春节，对神山村来说，有一件大事必须记录下来：央视春晚三大分会场之一花落井冈山，为神山村的老百姓增加了全新的年味，他们在家门口就可以近距离接触、参与和感受中国这道盛大而又别具风味的"文化盛宴"。

这一天，老支书彭水生家也传来好消息，今年的央视春晚井冈山分会场，在节目进行当中，就有他们一家 7 口与神山村的部分村民一道在村委会门口合唱的《再颂红军》：

"再颂里格红军，介支个又一年。井冈里格红山，介支个换新颜。幸福里格花开，映笑脸。英雄里格礼赞，世代传。叫一声亲人，红军啊，山歌里格永唱，介支个恩不忘……"

随着背景音乐的响起，他一家 7 口人，大儿子彭丁华、儿媳范秋英，

2019 年央视春晚井冈山分会场，茅坪乡神山村老支书彭水生一家和部分村民，在村委会门口合唱《再颂红军》，与全国观众一起迎接新年的到来

2019 年央视春晚，让茅坪乡神山村在全国、全世界人民面前亮了相

二儿子彭小华、儿媳周玉凤，以及孙女彭丹和彭青都成了"演员"。他们与神山村的村民们一起系上红围脖，乐呵呵地唱着歌，用一张张笑脸，恭贺全国人民新春快乐，幸福吉祥。

神山人巴不得在电视镜头前多露下脸，让全国、全世界人民都来看看村里的新变化，村民的新形象。这么重要的央视春晚节目，都来给神山村免费打广告，他们这些"土老表"上了镜，一个个成了春晚的"角儿"，这样的经历让他们终身难忘。

虽然节目还不到两分钟，但老支书开了几次家庭会，一遍一遍按照导演的要求认真进行排练，练到滚瓜烂熟，有时在梦中都会哼唱几句。其他参加节目的村民也一样，都认真对待。

这几年，真像做梦一样，山里老表也碰上好年头，交上好运了。这一次，央视春晚一播放，神山村更加名扬全国、全世界了。作为神山人，他们发自内心感到自豪。这片土地，以后还会发生更新更美的变化。习近平总书记在新年贺词中说了，我们都是新时代的追梦人。老支书说，这个"梦"，就是老百姓心中的"好日子"。怎么去追梦？还得靠神山村每个人勤劳的双手。在电视镜头里，彭水生那标志性的大拇指，那率真淳朴的笑脸，让人感受到神山村村民感恩奋进的情怀。

现在的神山村，红色书屋、旅游厕所、大型停车场等设施一应俱全，乡村马路宽敞平整，农家小屋旧貌换新颜，黄桃、茶叶种植基地焕发勃勃生机。村民们也搭上了旅游产业快车，有的打糍粑，有的卖茶叶，有的做电商，昔日贫困的小山村如今日子越来越红火了。

当年跟总书记一起打糍粑的村民李宗吾，和许多村民一样开起了"农家乐"，打糍粑成了他们家的一块"金招牌"。如今，吃上"旅游饭"的他，又有了新主意：腾出来的房子全部用做民宿。

这两年，神山村做好了全域旅游规划，并按照规划落地实施。进一步完善景区功能，新建停车场、旅游公厕、污水处理设施和标识标牌，实现了免费 WiFi 全覆盖；开发了磨豆腐、做竹筷、编竹艺等民俗风情游和赏桃花、摘黄桃、采茶叶等体验游；积极争取红色培训机构的支持，推出精

如今，在茅坪乡神山村，打糍粑成了一块"金招牌"

准扶贫课，探索了一条"培训到农村，体验在农户，红色旅游助推精准脱贫"的新路子。

党的十八大以来，井冈山市以基层党组织为核心，以农村新居、乡村道路、产业培育、公共服务、素质提升和生态环境为主要内容，启动脱贫攻坚的新引擎，构建起贫困山区农民的精神家园。

茅坪乡神山村的"农家乐"越办越红火

快马未下鞍

——凭什么筑小康梦？

绚丽的杜鹃自由开放，

清澈的溪水轻声吟唱，

井冈儿女，沐浴和煦的阳光。

万众一心，携手并进，

汇聚强大的正能量，

共同走在全面建成小康社会的大道上。

井冈山新城区夜景流光溢彩，人民的生活丰富多彩、甜蜜美好

脱贫了，下一步该怎么走？井冈山脱贫攻坚提升大会应时召开。按照中央"扶上马，送一程"的要求，坚持产业为根、立志为本、机制为要，以全新的高度、更大的力度，对产业、保障、就业、智志双扶等十大扶贫工程，进行巩固提升，为打造可持续脱贫、稳定脱贫的"井冈山样板"吹响冲锋号。

新的征程，新的起点，新的目标，新的方向。井冈山市高位谋划在先，出台了《关于井冈山脱贫攻坚巩固提升的实施意见》，明确要求和任务，强化措施和组织，引领干部群众树立新目标，努力巩固整个井冈山脱贫人口不返贫，巩固扶贫成果。

带着率先脱贫的喜悦与光荣，揣着过上更加美好生活的梦想与使命，奔跑在追梦路上的井冈，不会停止感恩奋进的步伐，正在走出一条"产业为根、立志为本、机制为要、党建为先"的脱贫攻坚巩固提升之路，为决胜全面小康奠定坚实基础。

第一节　产业之续

一、吃上旅游饭，当上小老板

产业扶贫带来的"造血"功能，给茅坪乡坝上村蓝卡户吴云月一家带来了收入的明显提升。淘米煮饭、切南瓜、煲汤、炒青菜……晨起，已过六旬的吴云月便开始准备"红军餐"，今天从湖南远道而来的学员要到坝上体验"红军的一天"。红军餐，一位学员收费是 33 元，3 元交给村集体，30 元中成本是 15 元左右，吴云月能赚到 15 元。算下来，她一年光红军餐就能赚 1 万多元，一顿丰盛却不奢侈的"红军餐"，已成为吴云月和乡亲们的"致富餐"。吴云月说，以前靠种田养活一家人，如今靠吃旅游饭，甩掉了贫困帽，端上了金饭碗。

做"红军餐"吃旅游饭，当小老板。产业扶贫带来的"造血"功能，
给茅坪乡坝上村蓝卡户吴云月一家带来了收入的明显提升

在坝上，像吴云月一样，靠吃旅游饭而走出贫困境地的村民不在少数。几年前，全国青少年井冈山革命传统教育基地"红军的一天"体验教学落户坝上。全村 51 户农户参与接待，其中贫困户有 12 户。仅 2016 年，坝上村就接待来自全国各地的学员 4 万余人，户均增收 2.3 万余元。

红色教育人，绿色滋养人，特色吸引人。2016 年 10 月，在深圳工作的林天红选择了回到家乡——荷花乡，加入农民合作社种植太空莲，规模化的种植让他一年收益达到 6 万余元。以前在厂里上班，一个月也就 4000 多元，林天红之所以选择回家，是因为荷花乡的"红色资源"更独特。

1927 年 10 月，古城会议后，毛泽东与袁文才在荷花乡大仓村进行了一次不同寻常的会见——大仓会见，从此改变了中国工农革命的命运。袁文才打开山门，欢迎工农革命军在井冈山安家，从此点燃了以农村包围城市，武装夺取政权的星星之火。

历史只会眷顾坚定者、奋进者、搏击者，不会等待犹豫者、懈怠者、畏难者。大仓村也充分利用自己的红色资源，不断点燃为百姓增收的星星之火。2017年，荷花乡传承大仓会见的井冈精神，着力将大仓会见旧址打造成井冈山红色培训的教学点、美丽乡村的示范点和全域旅游的新景点，使国内外游客体验到新时代的"大仓会见"。

荷花乡大仓村挖掘"大仓会见"红色文化资源，发展乡村旅游与红色培训，
使村民与国内外游客有了"新会见"

荷花乡大仓村精心设计建造大仓讲习所（上通图），成为游客接受红色洗礼的精神园地。同时建设特色民宿、乡村咖啡屋等休闲旅游设施，吸引如织游客

二、乡村光棍汉，有了幸福家

位于井冈山市最南端的下七乡汉头村，属客家人聚居区。日夜不息的汉头河，穿田而流，村庄山环水抱，风光旖旎如画。

脱贫后，有些"百姓家事"让人格外关注，尤其是农家人的婚事。

2017 年，一些刚刚脱贫的家庭，大龄单身多，农村离婚现象增加，不完整家庭影响了农民脱贫致富的信心。"扶贫到户"是精准扶贫政策的优势，但是，仅有对农户的经济扶持还不够，"到户"还要"建家"，还要收获幸福，要把农家婚事列入农村社会建设的重要议题。

2018 年，重访井冈山下七乡汉头村，一进村，汉头村党支部书记就高兴地介绍村里的新变化，村里有两位 35 岁以上的中年男子讨到了媳妇，还有几户人家喜添新丁。其中一户张姓人家的儿子 48 岁了，多年没有成婚，前些年外出打工腿部受伤，又落下了残疾。这位老张 77 岁，

位于井冈山市最南端的下七乡汉头村，在脱贫攻坚中变美了，
给村里大龄单身汉创造了圆梦成家的条件

1961年入党，在扶贫精准识别中被认定为蓝卡户。他说，这几年扶贫政策改变了他们的家境。他还掰着指头罗列了家里的收入：每月可以领到80元养老金，每年还有500元党员补贴；政府帮扶5000元产业基金，加入村里的茶叶合作社，按照合同，每年有15%的分红，这样一算，可以得到750元股金分红；儿子在茨坪一家超市做保安，每年有两万元左右的收入。他感激地说道："我这个老党员，心里记着党和政府对我家的好哩。"

过门不久的儿媳妇姓李，吉水县人。对于嫁到这里，她表示满意。她父亲在吉水从事律师工作，家里条件也还不错。她说，和丈夫认识有两年多，现在看到村里通路通水，也改了厕所，生活条件快赶上城里，她父母看到这里的变化，都同意她嫁过来。汉头变美了，栽了梧桐树，才吸引她这只"金凤凰"，成为井冈山的幸福新娘。

三、因地找路子　脱困享甜蜜

"感谢政府，我家脱了贫，政府还继续帮扶我，2018年养蜂挣了两万多，政府代缴了新农合、新农保、医疗附加险，日子比以前好过多了。"东上乡浆山村白竹园组的养蜂基地里，贫困户刘富华正在忙着采蜜。

作为井冈山市面积最大的乡镇，东上乡拥有丰富的山林资源，养蜂是这里的传统产业。2018年6月，东上乡政府与海伦堡公司签定协议，成立养蜂合作社，由公司投资148万元，购买800箱种蜂，建设标准化蜂蜜加工厂，采用"合作社＋集体＋贫困户"和集团包销售的模式，确保村集体、养殖户、贫困户多方收益，蜂蜜产值已经达到300万元，2019年将加大投入，争取达到1000万元产值，在高端蜂蜜市场占据一席之地。

脱贫攻坚，三分在攻坚，七分在巩固。井冈山因地制宜、因地施策，各具特色的富民产业，为推动扶贫开发与地方经济发展赢得了发展新机会。

好山好水出好蜜。东上乡与海伦堡公司共同成立养蜂合作社，由公司投资 148 万元购买了 800 箱种蜂，置于东上生态良好的山林间，有效将良好生态资源优势转化为产业发展优势

四、活出精神头，时代追梦人

2016 年，谢明亮当选为古城镇长溪村党支部书记。履新后，看到村里薄弱的基础设施和贫穷落后的面貌，谢明亮与村干部们统一了思想：集中资金办好村里的公益事业，下大力气整治村容村貌。

古城镇长溪村党支部书记谢明亮带领贫困群众，共追脱贫致富梦

2018 年底，村里共计启用扶贫专项资金 700 多万元，修建了一条 3.5 米宽、9 公里长的水泥路，修建了 4 座四五米宽的钢筋混凝土桥梁，架起了 240 多盏路灯，修通了 1.5 公里长的水渠，还购置了几十万元的健身器材及体育设施。

2019 年元旦，谢明亮在电视里听到习近平总书记发表的新年献词："我时常牵挂着奋战在脱贫一线的同志们，280 多万驻村干部、第一书记，工作很投入、很给力，一定要保重身体。"他心里非常激动，感觉习总书记的话说到他的心坎里了，在基层工作，再苦再累也值得。

说起村里的变化，谢明亮如数家珍：这几年，村民的思想观念改变了很多，参加集体活动的积极性也提高了，尤其在清理村组、街巷卫生时，通知一发出，大家都主动参加，再不用我们村干部挨家挨户上门了。人和人之间的关系也拉近了，谁家碰上点困难，不用吱声，大家都会主动伸出援手，曾经淡化的人情味又变浓了。

走进长溪村村委会茶叶种植专业合作社的生产基地，一边是种植了 120 亩的茶叶基地，一边是平坦的稻田。1982 年出生的谢明亮是茶叶基地的创办者，也是带领村民致富的职业农民。

2002 年，谢明亮南下广东经商，历经十多年的打拼，他赚到了自己的

"第一桶金"。2014 年带着回馈家乡父老的心愿，谢明亮回到长溪村。他的愿望是把职业和兴趣结合，享受"当农民"的过程，带领群众发家致富。

开弓没有回头箭，以前在商言商，从来不做亏本的买卖。自从回到家乡后，他心里全然没有一丁点私心杂念，只顾着为村民多做些实事，多想点办法解决村民的困难，自己经常做些赔钱赚吆喝的事。

"我们都在努力奔跑，我们都是追梦人。"习总书记的金句，更让谢明亮看到了自己的影子。不管是脱贫前还是脱贫后，谢明亮常常鼓励乡亲们："新时代的农民也要活出个精神头，让自己有价值，让生活有希望！"

第二节　精神之续

老话说得好："等人吃饭空米缸，下田流汗谷满仓。"精神扶贫，作为扶贫的正确打开方式，在井冈山有了全新的实践。

一、井冈山下"种"文化

"一条长凳可以坐四五个人，这里一次性可容纳 200 多人上课。"室外温度低得让人打哆嗦，可荷花乡党委书记吴小平的内心却暖洋洋。他很欣慰，自大仓讲习所建成以来，这里已成了贫困户们的思想阵地和"充电站"。"传承红色基因，学习井冈山革命精神，上培训课，给他们讲政策、讲技术，提高致富意愿，贫困户们都非常积极，有叫必到，效果很好。"

吴小平扳着指头，粗略算了一下，2018 年以来，讲习所举办的各类培训已让两千余人受益。"就像打糍粑越打越粘一样，我们老百姓的日子也会越过越甜。"吴小平始终相信，只要有信心，黄土也会变成金。这不，村民们在讲习所建设前后的态度就发生了不小的改变，"原先因为改造拆迁有情绪，看到干部，就像生死冤家，现在看到效果了，看到致富的希望了，村民对我们都是笑脸相迎。"

一次次洗礼，让思想的火花得以碰撞。2017年大年三十前一天，对于曾经是红卡户的茅坪乡茅坪村村民朱秋芳来说，是扬眉吐气的一天。这天一家4口人从土坯房中搬了出来，在新房里热热闹闹过春节。

朱秋芳2014年患上尿毒症，丧失劳动能力，对生活也一度失去信心。2017年，井冈山创新开展的"红色讲习所"走到他的身边，不仅教会了他种植黄桃的技术，身边贫困户脱贫致富的励志故事，也给他的思想带来了一次"大震荡"，"以前没有技术，盲目地干，没有产量没有产值。现在学到了技术，更有信心，收入好了，现在我们有信心奔向小康生活。"

离泥土最近，才有生命力；离农民最近，才有亲和力；离农村最近，才有感染力。为坚持思想引领，填补农村思想文化宣传领域的空白，突破农村思想文化宣传无人讲、无人听的瓶颈，井冈山精心打造"乡村大讲堂"，点燃了老百姓脱贫致富的热情，增强了致富的信心。

思想变了，观念新了，干劲足了，笑脸多了。"扶志"＋"扶技"＋"扶智"，成为井冈山巩固提升脱贫成效的"助推器"。井冈山利用农家书屋、乡村大讲堂等开展农村形势政策、实用技术等培训百余场，累计培训农民数千人次。

井冈娃李爱平放弃丰厚的薪酬，于2011年回到家乡，投资400万元在长坪乡开办了冷水鱼养殖场和餐馆。"我爸爸的兄弟非常多，但是他们都没什么文化，我从事软件行业带动不了他们，只能在现金上给他们一点资助，但是这种资助压力也非常大，我想回家乡发展一个好点的项目，把这些没有文化的乡亲带动起来。"为了带动村民致富，李爱平的养殖场成了实用技术的"立体大讲堂"，不仅给当地贫困户提供了30多个工作岗位，还让他们通过入股方式加入合作社，并教会他们养鱼技术，帮助33户贫困户成功脱贫。

蓝卡户钟万银家总共有7口人，女儿还没有出嫁，儿子已经结婚，一家人居住在一间土坯房里。由于妻子患病、儿子娶媳妇等原因，家里负债累累，脱贫成了一家人迫切的愿望。"我看老板十天半个月就要拼命地往外拉鱼，老板有钱赚，我们就有信心，老板会帮我们找销路，他也会及时指导。"从李爱平的养殖场建设开始，钟万银就放弃外出务工，一门心思跟着李爱平学习养鱼。得益于养鱼项目和政府的扶持资金，钟万银家不仅建了新房，还准备投资建设自己的冷水鱼养殖项目，脱贫致富路越走越宽。

送钱送物，不如送致富技术。井冈山以农家书屋为平台，积极引导群众学文化、用文化、"种"文化，全市涌现出一大批有一技之长的"田秀才""土专家"。他们活跃在田间地头，成为引领贫困群众致富奔小康的生力军，成为井冈山脱贫攻坚、全面建成小康社会征程中的一道靓丽风景。

"村民想跟我学技术，都可以的，我可以免费教给他们。"坳里乡桥边村下枧组近300亩猕猴桃基地里，负责人段小军正规划着新的发展路径，"感谢党的好政策，2018年纯收入达到了40多万元。"段小军原先在深圳一家企业上班，一年收入十七八万元。回乡的时候，看到有好多地撂荒，就想着回来发展。说干就干，从当初的50亩到现在的近300亩，当地政府给予了段小军很多帮助，"乡里62户贫困户31万元资金入股到了我的基地，另外，政府还帮我向市里申请了产业奖补资金"。致富之后的段小军，没有忘记乡亲。"去年给贫困户们每户分红500元，明年准备提高点。"几年来，段小军还将课堂设在了田间地头，免费教村民猕猴桃种植技术。

荷花乡深挖历史，打造大仓讲习所，
给广大贫困群众学习充电提供了好去处

二、村民玩起"邮乐购"

在茅坪乡神山村，最先看到的是罗桂堂家院墙上的几大盆大丽花，那红艳艳的花瓣，沁着露珠，让人感到莽莽大山里暗藏着楚楚动人的美丽。

紧接着，两只大黄狗和几只鸭子也跑出来迎接客人。正可谓：

大山深处有人家，

小院绽放大丽花。

鸡鸣鸭摆迎客到，

瑞犬信步任玩耍。

往里走，两块绿色的大牌子扑入眼帘。一块写着：国家电子商务农村综合示范，邮乐购，农村e邮神山电商服务站。另一块写着：神山益农信息社。罗桂堂的儿子罗斌师范毕业，是神山村"邮乐购"服务站站主。神山的山山水水滋养他长大，罗斌也立志扎根神山，经营起自己的电商事业。

党的十九大提出乡村振兴战略，发展农村电商，门槛低、收入高，吸引了一批人才返乡创业。如何让拿锄头的农民也能娴熟地拿起鼠标，在电脑前"指点农产品，驾驭新市场"，让农村电商为乡村振兴赋予"新动能"，从而在市场运作中有可持续发展的动力，为产业"赋能"，打造

茅坪乡神山村罗斌娴熟地拿起鼠标，
在电脑前"指点农产品，驾驭新市场"

集约高效的生产空间、延长产业链、增强产业关联度，成为时代发展的新要求。当地政府通过电商培训，组织外出参观学习等渠道，让越来越多的神山人掌握电商等现代技能。罗斌就是其中一个佼佼者。

罗斌把神山村的土货山珍择优挑选，放在邮政电商平台上销售，老百姓得到了实惠，他自己也从此有了一份"朝阳事业"。

在罗斌的精心"培养"下，父亲也能按照步骤，一步一步操作。罗桂堂坐在电脑前专心致志的样子，让人看到了山村的发展观念在慢慢变化，山里人的精神面貌也在悄悄变化。

随着互联网的蓬勃发展，农村也成了社会发展、产业转型的热点地区。江西邮政顺势而为，率先实施农村电商精准脱贫工程，全力打造农村邮政综合服务平台，为老区人民提供了新的脱贫致富途径。与此同时，还吸引了一大批年轻人返乡创业，推动农业产业发展升级，成为新的精准扶贫模式。

如今，罗斌只需要在键盘上轻轻一点，神山的笋干、竹荪、乌梅、蜜饯、茶叶、板鸭、黄桃、土鸡蛋、竹编工艺品等纯天然绿色特产，便搭上邮政电商的快车，飞抵山外的世界，成为客户青睐的网购俏货。此项精准扶贫工程，每年为神山每户村民平均增加 1000 多元的收益。

罗桂堂家还开办了"农家乐"，由村里统一协调安排游客吃饭。他说："青菜是自己种的，鸡鸭是自己养的，水是山泉水，客人们吃了都说好。这不，为了招待远方的客人，显示山里人的热情，我还学会了唱红歌唱山歌呢。"说完，罗桂堂便站在饭桌边，用手在上面有节奏地打着拍子，有板有眼地唱起《北京的金山上》及一首首客家山歌，引得游客大声叫好。

扫二维码欣赏红歌
《北京的金山上》

不光是罗氏父子，还有很多像他们一样的"田教授"和"土专家"，这些"农村知识分子"，新一代的"乡绅"，有激情和担当，既有示范引领作用，又有反哺桑梓的情怀。他们正在用电波、用互联网，用智慧的头脑、用崭新观念，一点点连结起山里山外的世界。"小农户"撬动了"大市场"，小作为也有大舞台。

不只是神山邮乐购火热，井冈山广大农村处处都有电商活跃的影子。
正是看到农村电商的前景，下七乡大学生卢琼芳毅然返乡创业

第三节　保障之续

　　走村入户，就要多倾听困难群众的呼声，多了解群众的疾苦。在城乡低保统筹、完善救助制度、改善养老服务等救助兜底保障工作中，井冈山本着"应保则保，应扶则扶"的原则，把没有能力的群众"保"起来，让人人都能过上正常的生活，这是织牢精准扶贫保障网的又一份满意答卷。

一、几重防线织得牢

鹅岭乡蕉陂村的蓝卡户陈和娥，今年 46 岁。2016 年夏天，她带着儿子搬离了那个连进门都要侧着身的老房子，住进了当地政府建好的爱心公寓。这个一直受着病痛折磨的农村妇女，做梦也没想到，这"天上掉馅饼"的好事，居然真的就发生在自己身上。

"住进来的时候，桌子、床都有了，什么都不用操心。"因患严重类风湿症，陈和娥劳动能力受限，生活清苦。即便如此，陈和娥从未失去对生活的热情，"每个月都能吃低保，每年还有分红，而且政府还安排我做保洁员，一年有 3000 多元，这日子过得比过去好了不知道多少倍。"

最令她开心的是，不仅自己的生活无忧，就连儿子的学业，政府也帮了大忙。井冈山市为贫困户家庭的孩子读书就业开辟绿色通道，凡是建档立卡贫困户子女报考中招"三定向"学校，加 20 分录取。"就因为加了这 20 分，我儿子 2018 年考上了定向生，以后工作有分配，不用担心找不到工作了。"陈和娥爽朗的笑声，让别人也分享着她的幸福。

2018 年 6 月，厦坪镇复兴村的红卡户颜回中，因为严重的心脏病被推

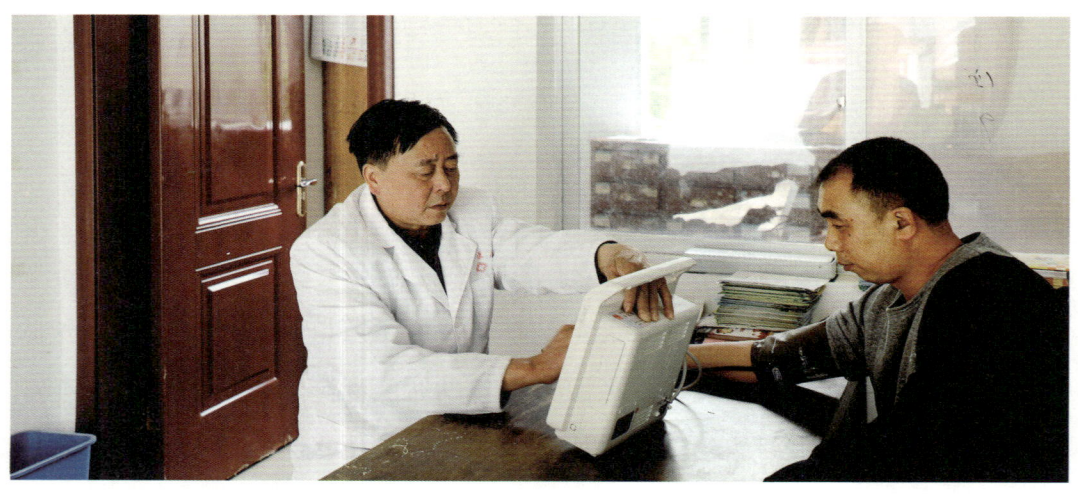

葛田乡洋坳村里的卫生室让广大贫困群众"小病不出村"，就能享受医疗服务

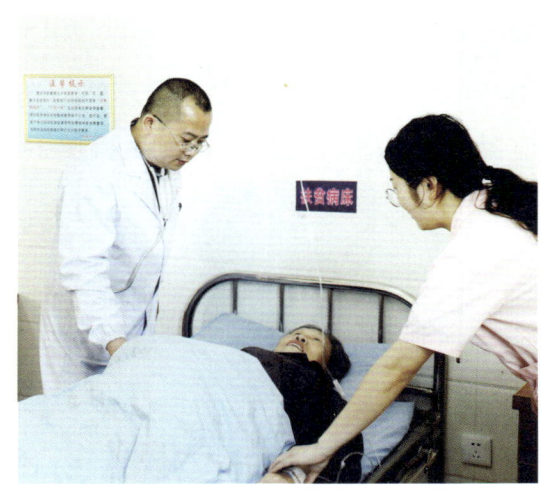

新城镇卫生院为贫困户专设扶贫病床

进了手术室。这一次，医疗费加在一起花了 10 多万元。"大病报销比例最高达到了 98%，我这一下就报销了 10 万元，你说减轻了多少负担啊！"颜回中感慨道。自己身体一直不太好，为了治病，家里已经债台高筑，如果没有政府的兜底保障，这日子会很难过。"现在好了，命捡回来了，要凭自己的努力把生活变好，不能以贫穷为光荣，我要靠自己一双手，过好新生活。"2019 年一开始，为了过上他所希望的"新生活"，懂装修的颜回中又忙开了。

2017 年以来，井冈山创新脱困不返贫兜底保障机制，全力认真做好脱贫攻坚巩固提升工作。社会救助，双线融合，标准越来越高；教育兜底，分级施策，受益越来越广；健康兜底，先治疗后结算，防线越来越牢。

二、一个不落筑长远

汽车在葛田乡洋坳村蜿蜒的村道上行驶，这个时候的井冈山农村，已进入冬闲期。忙碌了大半年的农民，开始为下一年的劳作进行休整。

贫困户刘斯民，此刻却没有闲着。身兼保洁员的他，正拿着清扫工具沿村搞卫生。"我有四级残疾，双腿不能蹲，不能干重活，以前只能在周围打打零工，家里生活搞得苦。"2014 年，刘

政府为残疾人提供公益性岗位，葛田乡洋坳村贫困户刘斯民当起了保洁员，一年稳定增收 3600 元

斯民被精准识别定为红卡户，此后，政府一系列帮扶措施向其倾斜。2015年，刘斯民一家人年均可支配收入达 7760 元，到 2018 年，这一数字增长到 11924 元。低保标准提高了，政府还给他提供了公益性岗位，在村里搞搞卫生，一年有 3600 元。

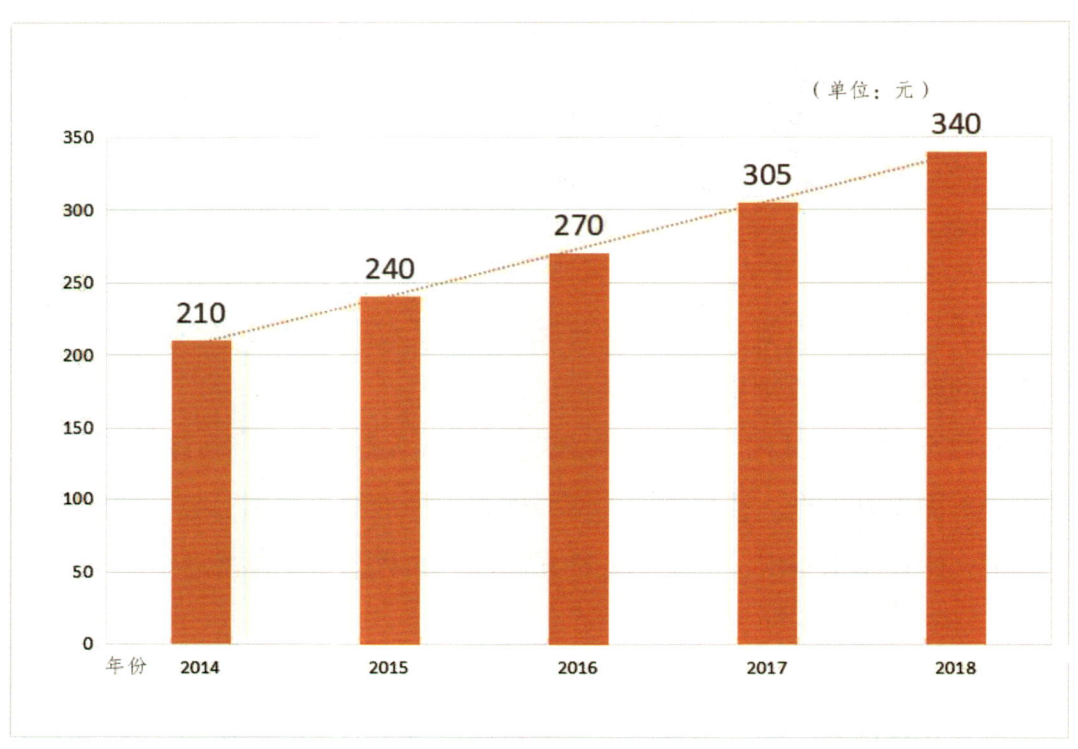

农村低保补助标准逐年提高

三、一渠活水照丹心

脱贫攻坚，从来都不是单打独斗，而是一项群策群力的系统工程。为了实现美好生活愿望，井冈人广借外力。

"连我们自己的喝水问题都解决不了，还谈什么带大家致富？年轻人都不管的事，你一个 70 岁的老头瞎操什么心？" "我是共产党员，我不管，说不过去，村里饮水的事，我管定了。" 柏露乡长富桥村 70 岁的老党员吴余庆，每每谈到村里的饮水问题，都会和老伴拌上几句嘴。

长富桥村有 36 户 140 余人，世代把村后的山泉水作为日常饮用水。2018 年以来，受天气影响，雨水骤减，加上随着经济发展，很多农户用起了洗衣机等家用电器，用水量急剧增加，之前修筑的蓄水池跟不上用水需求，以致影响到全村的饮水安全。在村里担任过 20 年生产队长、13 年村支书的吴余庆心里着急，可是没有资金。江西交通职业技术学院驻村工作队得知这一情况后，积极筹措资金。有了资金保障，老吴情绪高涨。因为挖机无法工作，吴余庆便带着村里几位 60 多岁的老哥们，一起上山挖起了"隧道"。

曾任柏露乡长富桥村支书的吴余庆（前排右一）带着村里几位老哥们，一起上山挖"隧道"

青山不负愚公志，一渠活水照丹心。吴余庆等人用双手，在小山包中凿出了一条长 27.6 米、宽 0.8 米、高 1.5 米的隧道，安装水管近两公里，为群众引来了清甜的饮用水。"现在再也不用担心用不上水了，我们这些老伙计吃了苦，也要感谢江西交通职业技术学院驻村帮扶队，为村民办了大实事。"

驻村帮扶工作队，为村民做的，还远远不止这些。为了助力井冈建设，江西交通职业技术学院已制定 2018—2020 年定点帮扶工作规划。接下来，他们要通过实施脱贫攻坚工程，完善村主要基础设施，使村集体产业得到发展，造血功能得到提升，群众综合素质和自我发展能力明显提升，努力实现农民增产增收，村民生产生活水平显著提高。江西交通职业技术学院副院长江志强驻村数月，对当地情况已很熟悉，未来的工作重点也已做到了心中有数。

跳出扶贫抓扶贫，借外力生发内力，才能确保持续增收、稳定脱贫。

曾任柏露乡长富桥村支书的吴余庆等
人用双手为群众引来了清甜的饮用水

第四节　力量之续

　　所有壮美的名山都有动人的故事，无疑也包括井冈山，包括默默耕耘、砥砺前行的井冈山人。

　　在习近平总书记"在扶贫路上，不能落下一个贫困家庭，丢下一个贫困群众"的殷切嘱托下，井冈山于 2017 年在全国率先脱贫，谱写了新时代"红色最红，绿色最绿，脱贫最好"的壮丽篇章。

然而，"摘帽"不是终点，让老区人民过上更加美好的生活，才是奋斗目标。如何脱贫不返贫？井冈山的党员干部用行动回答了这一新时代的问卷。

一、一园奈李助小康

井冈山睦村乡蕉塘村日照充足，土壤稀有土质含量高、富含多种微量元素。蕉塘村第一书记张文龙，是来自井冈山市商务局的干部，2016年驻村以来，他根据自身优势，为村里办了不少实事。考虑到蕉塘村有丰富的奈李资

尝到了奈李产业的甜头，贫困群众纷纷加入，
井冈山的奈李产业发展得越来越好

源，他们争取上级单位的资金支持，新建了蕉塘村奈李批发交易市场，项目投入资金87万元，2019年正式投入运行。

帮一时、帮一事，容易；难在长期帮、帮长远。如何帮助贫困户彻底走出贫困，井冈山市商务局提出"送果园"计划。他们提供奈李苗和技术，三年后交给贫困户打理。张文龙算了一笔账，前期打造一个果园需2.2万元左右，后期贫困户再也不用靠老天赏饭吃，而是用技术管理果园，收入就有保障了。

除了建设"奈李园"，2018年，井冈山商务局还新建了污水处理项目，项目资金20万元，已经完工；2018年通过招商平台，引进浙江宜堡现代科技有限公司携手北京一家公司，给47户贫困户每户发了600元现金。

乡乡都有扶贫团，村村都有帮扶队，一村选派一个第一书记，一个贫困户确定至少一名帮扶责任人，井冈山创新建立的"321"帮扶责任机制——

县处级以上领导干部帮扶 3 户贫困户、科级干部帮扶两户贫困户、一般党员干部帮扶一户贫困户，让所有群众离致富之梦又近了一步。

二、两把青菜见真情

井冈山东上乡曲江村，只待春来早，开启新一番致富的耕耘。

2019 年元月的一天，第一书记叶维祝走在田埂上，刚查看完白莲基地，举目四望又有了新的想法。这些天，他的脑袋不停地转，想到能为乡亲们的小康生活贡献自己的光和热，他感到扶贫攻坚工作的意义重大。一路上，枝头的小鸟叽叽喳喳叫个不停，到了住处，见铁门上挂着两个装着蔬菜的红袋子，他先是惊讶，接着不由得会心一笑。质朴的乡亲们，总是这样悄然送上最简单的感谢，虽说只是两袋蔬菜，但情深意浓。

作为江西省铜业股份有限公司扶贫工作队的一员，叶维祝在曲江村任第一书记已经 5 个年头了，他自豪地想："这一辈子，有了 30 多年党龄，当了 3 年兵，再扶贫 6 年，这人生，倍儿精彩！"

刚来曲江村时，到处都是泥巴路，村里没产业，村民收入不稳定。头两年，叶维祝将工作重心放在基础设施建设上，重建贺家组的危桥，修建农田灌溉水渠和水泥村道，老乡们说，苏区干部的好作风又回来了。

曲江村村民日子越来越好，脱贫后如何致富？叶维祝只有一个想法——做产业！

农忙时，村民要请外地的收割机来作业，江西省铜业股份有限公

在第一书记叶维祝的推动下，江铜集团援建的曲江村
文化活动中心成为村民们休闲娱乐的好去处

司出资 30 万元，购入两台收割机、一台耕田机，创建农机合作社，以低于市价 30 元 / 亩的价格提供服务，收益全用于贫困户分红和壮大村集体经济，这一项目每年都有约 4 万元的收益，再也不用请外地的收割机了。

看到莲子价格走高，他们投资 20 万元，按照 500 元 / 亩的价格租用百姓荒地，发展了莲子产业基地，并聘请当地农民作为劳动力，2018 年，公司仅劳务费就发放了 6 万余元，纯收入达 3 万余元。"授人以鱼不如授人以渔"，要打造一支永远不走的扶贫队，就要培养井冈山自己的"土著智囊团"和"乡村田教授"。2018 年，一份《招聘启事》成了曲江村的热点话题：莲子产业基地招聘本地管理人员，组建当地的管理团队。在家乡希望的田野上耕耘和收获，吃苦耐劳的井冈山人，准备好了！

三、永不走的扶贫队

2018 年 11 月，对于井冈山市厦坪镇厦坪村下陂组村民而言，是一段值得纪念的日子。这个月，村里的水泥路建成了，结束了多年来"路难走，车难行"的历史。路通了，心与心之间的距离更近了。

厦坪村第一书记谢冰又一次来到下陂组走访农户，"红卡户"朱有德热情地邀请谢书记进家门喝口水，歇歇脚。然而，几个月前，谢书记可没有如此的"待遇"。那时，修建道路需要拆除旧房，因不舍得房屋拆迁，朱有德不愿配合，谢冰多次上门拉家常，有几次还吃了"闭门羹"，后来，他们之间的关系稍微融洽一些，也只是在家门口说说话。如今，见道路修好了，村干部还帮着免费接上自来水、入户道，朱有德的眼界敞亮了，心结也打开了。"进了门，就是近了心，老百姓都是讲道理的，只要工作做扎实了，都能得到理解的！"谢冰深有感触地说。

从 2015 年起谢冰就在村里驻点。说起变化，他最有发言权，村里的每一个角落、每条田埂，都印满了他的足迹。2017 年，厦坪村 41 户贫困户 151 人全部实现脱贫。脱贫后，谢冰每月仍有 20 多天吃住在村里。脱了贫

把村里的事当自家的事管，厦坪村第一书记谢冰（左一）悉心查看村里种植的菌草生长情况

如何"送一程"，谢冰的答案是——基础设施建设和富民产业齐头并进，脱贫攻坚要有产业支撑。

随着富民产业接连落地，谢冰以菌草种植专业合作社为平台，将全村所有"红、蓝卡户"纳入其中。2017年分批次种植了灵芝、黑木耳、西瓜、梨瓜等作物，红卡户年均分红2000元，蓝卡户年均分红1000元。

2016年浙江参观团来访，时时不忘为百姓找致富门路的谢冰了解到浙江代表团有意寻找榨菜的原料产地，便立即洽谈对接。2018年，当地试种了90亩榨菜，订单式的种植不愁销路，预计纯收入可达1300元/亩。

"如今政策好，只要我们扶贫干部好好干，都能实实在在为百姓做点事。百姓日子好了，我们也问心无愧，就觉得这几年自己吃点苦、受点累，值得。"一路走来，尽管风雨兼程，但谢冰觉得这些年的扶贫经历，对他是一笔宝贵的财富。

四、百姓口碑赛金杯

井冈山市龙市镇党委副书记、龙市镇扶贫办主任刘学成有很多外号："行走的电脑""鲜活的地图""业务专家""扶贫好人"等，周边人都说这些外号，浓缩了刘主任这些年的工作。

因为总上门走访，所有贫困户情况烂熟于心，大家都说他像电脑一样记性好；因为走遍了龙市镇的每个角落，他脑子里存下了一张属于自己的"民生地图"；所有脱贫政策他都清清楚楚，同事都说他是专家；他还是2016

年至 2017 年度的大家评选出的"身边好人"。而他自己对自身的定位是——无数躬身耕耘在这片红土地中的一员。

面对百姓，他有一颗爱民如子的心。走访时，他看到石陂村谢尧斋因为家庭贫困，长期借住在村民的旧房子里。谢尧斋今年 62 岁，是湖南人，刘学成争取到了政府代建项目资金 2.5 万元及其他帮扶资金 1 万元，帮助谢尧斋盖起了新房。"作为一个外地人，我原本以为只能一直借房子住，没想到

因为工作作风扎实，贫困村情况摸得透、记得熟，龙市镇党委副书记、扶贫办主任刘学成（右一）
被群众称为"行走的电脑""鲜活的地图""业务专家""扶贫好人"

年轻时没干成的事，老了老了，却住上了新房，有了遮风挡雨的家，感谢政府，让我也扬眉吐气了。"谢尧斋夸赞道。

面对期盼致富的百姓，刘学成发扬善谋实干的作风，推进光伏扶贫项目尽快落地，一方面积极进行项目申报，通过各种渠道筹集资金，另一方面耐心与村民沟通协调，确保项目用地。仅仅半年时间，在贫困村试点的光伏

扶贫项目建成，成功实现并网发电，该基地每年可确保获得 15% 以上收益。面对未来，他有更多打算。在刘学成的办公室有一叠规划书——以"竹文化"为特点的研学基地项目正在孕育中，即将落地。

收获的背后是汗水和心血，走进龙市镇百姓中，他们对刘学成这样评价："龙市镇山清水秀，政府又给我们配了那么好的干部，天时地利人和，老百姓要把大拇指竖给他。"

从一粒种子到一片森林，从一个山包到茫茫五百里井冈，所有巩固脱贫成果的第一线上，都有鲜红的党旗，迎风招展。

正道是沧桑

——井冈山，让世界看见

井冈山是中国的，也是世界的。

她用跨越时空的井冈山精神，

走出了一条脱贫攻坚的"井冈山道路"，

为人类解决贫困难题，

探索了路径，提供了经验，树立了信心。

井冈山在全国率先脱贫"摘帽"，也吸引了国外众多关注的巨光，前来考察的队伍一批接一批。
图为 2018 年 7 月由中国国际扶贫中心承办的国际减贫研修班在茅坪乡山地人家考察

第一节　井冈答卷

"时代是出卷人，我们是答卷人，人民是阅卷人。"

在这个庄严的"时代命题"面前，井冈山脱贫攻坚交出了"红色最红、绿色最绿、脱贫最好"的时代答卷。实现全国率先脱贫"摘帽"，成为井冈山发展史上新的里程碑。

"率先脱贫"再一次被历史镌刻在了井冈山上。它的意义远远超出了几个汉字本身的含义。它彰显了鲜明的井冈情怀、井冈气魄、井冈胆略和井冈智慧。

1928 年 7 月，井冈山军民万众一心，取得了黄洋界保卫战的胜利，毛泽东挥毫写下《西江月·井冈山》：

扫二维码欣赏红歌
《西江月·井冈山》

山下旌旗在望，山头鼓角相闻。

敌军围困万千重，我自岿然不动。

早已森严壁垒，更加众志成城。

黄洋界上炮声隆，报道敌军宵遁。

历史总是在交接和轮回中向前推进。90 多年前，共产党人带领人民群众为自由理想而战斗，井冈山成为中国革命走向胜利的起点；90 多年后，共产党人继续带领人民群众为幸福生活而奋斗，井冈山又成为中国脱贫攻坚走向全面小康的新起点。

这是一场新的人民战争，井冈人民站在高高的黄洋界上，向全世界报道："贫困宵遁"。

井冈山交出的，是一张一诺千金的答卷，是一份实实在在的成绩单：

——贫困人口大幅减少。井冈山贫困人口由 2014 年初的 4638 户 16934 人减少到 2016 年底的 539 户 1417 人，贫困发生率由 13.8% 降至 1.6%，低

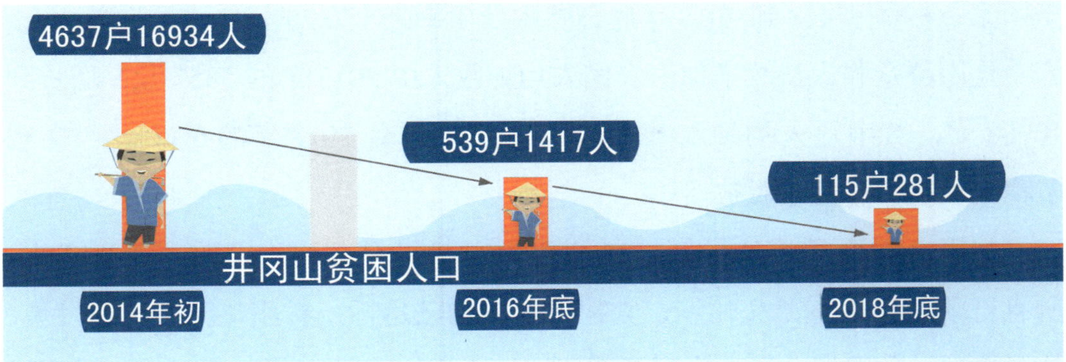

4637户16934人

539户1417人

115户281人

井冈山贫困人口

2014年初

2016年底

2018年底

井冈山贫困人口
变化示意图

建档立卡之初的13.8%

国家2%的贫困县退出标准

2016年底的1.6%

2018年底的0.25%

井冈山贫困发生率
变化示意图

贫困户人均纯收入

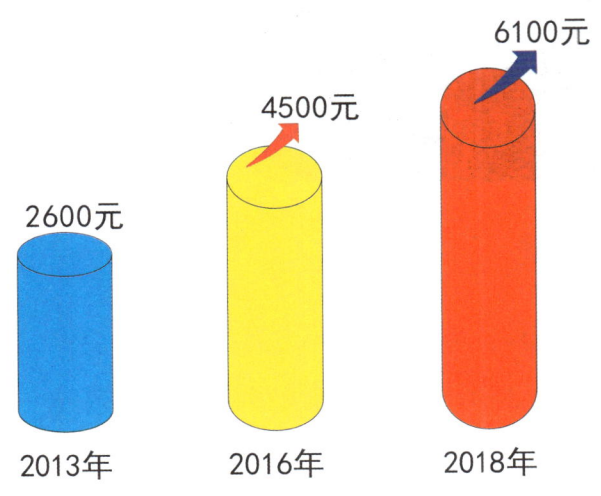

6100元

4500元

2600元

2013年

2016年

2018年

井冈山贫困户人均纯收入变化示意图

于国家 2% 的标准。到 2018 年底，贫困发生率降至 0.25%。

贫困群众收入持续增加。农民人均纯收入由 2013 年的 5857 元，增长到 10968 元，贫困户人均纯收入由 2600 元，增长到 2018 年的 6500 元，实现了稳定脱贫和可持续脱贫。

贫困乡村面貌焕然一新。25 户以上自然村全部通水泥路、通自来水，所有行政村卫生室、文化室、党建活动室均已达标，村庄整治、产业发展、技能培训、危旧房改造均实现了全覆盖。

2016 年 12 月 18 日，是让井冈山西大门睦村乡社背村塘家源村小组村民终生难忘的一天。这一天，他们盼望多年的水泥路终于修到了家门口，自此全乡 8 个行政村 57 个村民小组都通了水泥路。

睦村乡社背村塘家源村小组村民凌慧英说："你看，路修到了我们偏僻小山村了。"

长坪乡，竹海翻浪。这里是井冈山海拔最高的乡镇，过去群众收入渠道少，贫困发生率高达 20%。如今家家户户都搞起了养殖、花卉和盆景等特色产业，日子过得红红火火。

沿着刚刚拓宽的公路，再次来到神山村。与数年前相比，变化令人振奋：37 栋土坯房全部换上了客家风貌的"新装"；村里搞起乡村旅游，游客络绎不绝；黄桃、茶叶合作社蒸蒸日上，贫困户入股分红，人均年收入达 1.18 万元。

幸福好日子，不忘来时路。站在改造一新的楼房前，柏露乡楠木坪村昔日的贫困户王庚茂回忆起"红色家史"一脸自豪："叔叔王林才 1927 年参加红军，牺牲时年仅 29 岁，没有留下后代，家族把我过继给叔叔作子嗣。"

烈士证有些泛旧，但国旗和国徽依然醒目。摊开叔叔的烈士证明，王庚茂说："当年闹革命，就是为了能有今天的好日子！"

井冈山茅坪乡谢氏慎公祠背后，一栋土黄色的两层小楼静静矗立。当年，在昏暗的油灯下，毛主席凝神静思，写下《中国的红色政权为什么能够存在》《井冈山的斗争》两篇光辉著作，为中国革命指明了方向。

历史从未远去，八角楼的灯光依然照亮未来。

90 年后，五百里井冈的崇山峻岭间，一条"因户施策，扶到点上、扶到根上"的精准脱贫新路延展向前。这是一条探索前进的脱贫新路——精准是关键，要因户施策，扶到点上、扶到根上，不能大而化之。

井冈山人面对着"财富之山"——五指峰，开始走出大山、抢占商机、拥抱"钱程"。

清晨，黄坳乡刚刚从沉睡中醒来，乡电商服务站站主黄小华又开始了一天的忙碌。他身后，上百个装满当地土特产的包裹"堆成了山"，这天，它们将从这间不到 20 平方米的小屋"飞"往全国。

井冈山 18 个乡镇都有电商扶贫站点，"前店后村"的电商产业模式带动 2446 名贫困群众增收致富。

——推进"产业+"，实现"资源变资产、资金变股金、农民变股东"。井冈山通过重点打造"231"富民工程，实现"一户一丘茶园、一户一片竹林、一户一块果园、一户一人务工"的"四个一"产业扶贫模式。

井冈山以"一户一丘茶园、一户一片竹林、一户一块果园、一户一人务工"的
"四个一"产业扶贫模式，力推脱贫攻坚

井冈山深入推进"旅游+"项目，为贫困群众开启了旅游脱贫的绿色新通道

在柏露乡下陇村，65 岁的孤寡老人陈了香以政府提供的 1 万元扶持资金入股金融合作社，按每年 15% 的比例分红，仅此一项每年就能增收 1500 元。

——推进"旅游+"项目，变"单一为综合、过客为常客、潜力为实力"。坚持以旅游开发带动扶贫开发理念，大打井冈旅游牌，深入挖掘各地旅游资源，推进整合农业观光、"农家乐"、休闲度假等差异化、个性化的全域旅游，为贫困群众开启了旅游脱贫的绿色新通道。

在茅坪乡坝上村，当地结合井冈山的红色培训，开设"红军的一天"体验教学，仅 2018 年一年就吸引了 4 万多人前来培训。坝上村特困户肖富民去年接待了 850 名学员，通过为他们提供食宿，纯收入就有 1 万多元。

——推进"就业+"项目，实现"一户一人务工，全家不再受穷"。探

"一户一人务工，全家不再受穷"，井冈山大力推进"就业+"项目，给贫困群众开辟了稳定增收的途径

索开展公益性岗位扶贫，全市开发了 857 个村组公益性岗位，整合生态保护扶贫涉林岗位 470 个；发挥井冈山景区、城区、园区资源优势，共吸纳 2694 名贫困群众就业，实现"一人务工、全家脱贫"。对具有一定创业条件的贫困劳动力，实行免费创业培训和指导。

井冈山还通过全力推进安居工程，尤其是深山区移民搬迁计划，实现户户有其屋；通过落实兜底政策，实现人人有保障。

井冈山不仅要实现自身的率先脱贫，还要为全国脱贫攻坚探索接地气、可复制、可推广的新路径，在新一轮脱贫奔小康中当先锋、站前列。

伫立在井冈山朱砂冲林场行洲村一栋古朴的老宅前，时光仿佛凝固。

房檐下，单字一尺见方的标语——"红军是为劳苦工农谋利益的先锋队"，虽历经近 90 年风雨，仍清晰可见、遒劲有力。这 15 个大字，穿越时光，始终见证着中国共产党人最朴素的初心。

在井冈山干部群众身上，总有一种精神让人肃然起敬，总有一种力量催人奋进。这是一种跨越时空的精神——井冈山精神，它是井冈山率先脱贫"摘帽"的力量之源。

在荷花乡高陇村，贫困户梁清香自强不息的故事感动了十里八村。49 岁的梁清香既要照顾截瘫的丈夫、多病的公婆，抚育年幼的儿女，还要下地种田。

"快顶不住时，就躲在屋里哭一场，哭完后，继续干活。"从下地种田、上山种树到养猪养牛，梁清香一点点改变着家庭贫困的现状。站在新建的三层砖瓦楼前，她泪花闪烁。为了盖这栋房，她花了整整 12 年，每隔几年积攒了一点钱，就盖上一层。"不能事事都靠政府，自己的事情还得自己扛。"

从家庭到家族，从亲情到乡情，始终牵绊着在外游子的心。380 名从沿海回来的返乡创业者，成为带动贫困户致富的新引擎，成为井冈山脱贫攻坚中的一脉活水。

春色里的井冈山，风拂万仞，千峰竞秀，翠竹满坳，茶树满坡，遍野的映山红开得正艳，嘹亮的红歌从远处飘来。

登上 109 级台阶，王庚茂来到井冈山烈士陵园，静静凝视着石碑上那一个个名字，深深地鞠了三个躬。

井冈答卷上，写下了探索、追求、奋斗、喜悦和告慰……

第二节　井冈回响

"回看射雕处，千里暮云平。"回首这场没有硝烟的人民战争，井冈山人的心跳仍然在山谷中回响。井冈山在全国率先脱贫"摘帽"，持续巩固脱贫成果，不断提升人民幸福指数的成功实践，为中国乃至世界脱贫事业树立了信心，提供了借鉴。

井冈山宣布脱贫后，引来媒体聚焦报道

一、党的战略布局，是决胜率先脱贫的坚强指引

"天下之治乱，不在一姓之兴亡，而在万民之忧乐。"消除贫困、改善民生、逐步实现共同富裕，是社会主义的本质要求，是我们党的重要使命。坚持党的领导是我们扶贫事业取得实质性突破和历史性跨越的根本保证。党的十八大以来，党中央把脱贫攻坚纳入"四个全面""五位一体"的战略布局，作为实现第一个百年奋斗目标的重点工作，充分彰显了中国力量、中国自信、中国道路。井冈山如期率先脱贫"摘帽"，充分彰显了中国共产党集中

力量办大事的优势，干之必成、成之有效的坚定决心，也昭示了中国特色社会主义制度的特殊优越性，显示了人民群众特别是贫困地区干部群众的巨大创造力。井冈山在率先脱贫过程中，始终坚持顶层设计、党委领导、政府引导、社会主导、干部帮扶、群众主体的多元扶贫体系，形成了市、县、乡、村"四级书记"抓脱贫的工作大格局。党的力量，始终引领着精准扶贫、精准脱贫、持续巩固脱贫成果朝着正确方向胜利前进。

扫二维码可阅读　　　　扫二维码可阅读
《人民日报》对井冈　　《光明日报》对井冈
山率先脱贫的报道　　　山率先脱贫的报道

二、精准瞄准"靶心"，是决胜率先脱贫的关键核心

习近平总书记 2013 年 11 月在湖南花垣县十八洞村调研时就提出"精准扶贫"，指出扶贫开发贵在精准，重在精准，成败之举在于精准。2015年，又将精准扶贫上升为国家战略。精准，包含"扶持谁""怎么扶""谁来扶"等多方面内涵。问题导向，引发了我们对精准脱贫的深度思考与实践。我们的扶贫开发自 20 世纪 80 年代中期就开始，30 多年的努力，成效不小，问题也确实不少，如贫困群众底数不清、情况不明、针对性不强、扶贫资金和项目指向不准等。正因为如此，井冈山于 2014 年率先提出"红黄蓝"分类识

井冈山在全国首创"红蓝卡"分类
识别机制

别机制，率先聚焦精准。在实践中，也探索了精准对象、精准措施、精准管理等多个举措，探索了"三卡"识别、"四卡"合一、"三表"公开等生动实践，一切的落脚点，就是真正落实让贫困群众在脱贫奔小康的路上，一个也不能落下，这也是决战决胜率先脱贫的最关键核心。

三、产业长效"造血"，是决胜率先脱贫的基础根本

"输血"解决基本保障，"造血"解决长期发展。脱贫攻坚，一方面是扶业增收，另一方面是扶困解难。两个方面，不可或缺。但相较而言，发展产业，增加就业，增加收入为根本之举。扶贫真正扶到根上，关键是提高贫困群众的自我发展能力，实现"村村有主导产业""户户有增收门路"。发展产业，既不能一蹴而就，更不能盲目蛮干，务必实事求是、因地制宜。井冈山激活贫困对象的资源资产，是切实可行之举。探索了"三变"的产业"造血"模式，即：产业脱贫中

井冈山探索了"三变"产业"造血"模式，变资源为资产、变资金为股金、变农民为股东，有效增强了贫困群众的"造血"功能

瞄准土地资源丰富的优势，大力发展"茶、竹、果"等优势特色产业，整合盘活资源，变资源为资产，变资金为股金，变农民为股东，使农民从仅收租金，变成长久坐拥租金、佣金、股金"三金"，有效增强了贫困群众的"造血"功能，实现贫困户持续增收、稳定脱贫。

四、激发群众斗志，是决胜率先脱贫的不竭力量

习近平总书记指出，没有比人更高的山，没有比脚更长的路。脱贫致富终究要靠贫困群众用自己的辛勤劳动来实现。要重视发挥他们的首创精神，让他们的心热起来，身体行动起来。如果贫困群众没有动起来，没有

井冈山创新发放产业股权证，把农户尤其是贫困户牢牢拴在产业链、价值链上

产生脱贫的内生动力，就难以真正脱贫。即使一时脱了贫，也断不了"穷根"。井冈山在全国率先摘掉"贫困帽"，有个数据令人叹服：在独立第三方严格的评估中，贫困群众的满意度达到99.08%。井冈山对群众脱贫精神的激发，特别值得人们关注。将外力与内力有机结合起来，发掘、激发群众的内生动力，克服"等靠要"、安于贫困、不思进取和"等人送小康"的消极心态，点燃贫困群众求富、求荣、求美、求变的致富激情，在帮扶上做到"早干多支持，晚干少支持""早干多得利，晚干少得利"，决不让辛勤劳动的人过得不如好吃懒做的人，通过自力更生、艰苦奋斗实现脱贫致富的美好梦想。

第三节　世界目光

中国的减贫事业是一项可以载入人类史册的伟大事业。过去近40年来，中国有7亿多人口摆脱了贫困，对全球减贫的贡献率超过70%。最近5年，中国平均每年减少农村贫困人口超1300万人，可以说创造了世界减贫史上的奇迹，而井冈山在全国率先脱贫"摘帽"，又为这个奇迹增加了一个生动的注脚。

中国"红色摇篮"井冈山，让世界看到了她的另一种色彩。

世界目光关注井冈山脱贫经验

"乘着歌声的翅膀，亲爱的随我前往。去那恒河的岸旁，最美丽的好地方……"

2017 年 7 月，井冈山"蓝卡户"家庭走出的孩子谢嘉成"乘着歌声的翅膀"飞出大山，把中国的扶贫好声音在世界舞台上唱响。在德国汉堡金色大厅，11 岁的脱贫少年谢嘉成将井冈山脱贫"好声音"带到德国，将中国扶贫好故事讲给世界听。

"第一次站在这么大的舞台上，对我来说无比的荣耀。这是一次幸福的圆梦之旅，我实现了'让更多人听到我的歌声'的梦想。借助歌唱家刘媛媛和我的歌声，让全世界知道我们井冈山脱贫了，

2017 年 7 月，井冈山"蓝卡户"家庭走出的孩子谢嘉成"乘着歌声的翅膀"飞出大山，把中国的扶贫好声音在世界舞台上唱响

在德国汉堡金色大厅，11 岁的脱贫少年谢嘉成将井冈山"脱贫好声音"带到德国，
将中国扶贫好故事讲给世界听

让全世界看到了中国为消除贫困做出的努力和取得的成果，这是我今生永远值得铭记的一段经历，也是我人生不断奋发向上的动力。"

这不仅是井冈山的"脱贫好声音"，更是中国向贫困宣战的"铿锵誓言"。听了井冈山的脱贫故事，台下观众的掌声持续了好长时间，那一刻，谢嘉成内心感到无比的骄傲和自豪。

一年前，谢嘉成家还是一户因病致贫的"蓝卡户"。随着井冈山市在全国率先实现脱贫"摘帽"，谢嘉成家也发生了很大的变化。在政府的帮助下，爷爷在镇农贸市场找到了固定摊位卖干货，每个月能有 2000 多块钱的收入；爸爸靠着做泥瓦匠，经济来源变得稳定。而且，政府还将 5000 元扶贫资金作为股份，让他们家加入了当地的山鸡养殖合作社，一年能分红 500 元。现在，谢嘉成家早已告别贫困，还把住房也装修一新。

敢问路在何方，路在脚下。在井冈山脱贫实践中，谢嘉成的家庭摆脱了贫困面貌，谢嘉成的励志故事感染、激励着每一个人，他们带着期许还在继续书写井冈山脱贫奔小康的新故事。

2018 年 2 月 28 日一大早，天还没亮，神山村村民左香云家的灯就亮了。一家人忙忙碌碌为他即将远行准备早饭和行李。

就在这天，左香云要以全国人大代表的身份进京参加"两会"。临行前，母亲为他蒸了一盘热热乎乎的糍粑，妻子准备了一大罐萝卜干炒肉。父亲左秀发显得格外激动，他拉着左香云的手说："我们家是红军烈士的后代，也是土生土长的农民，你能去北京参加全国人民代表大会，这对我们来说是一个很大的荣誉，但你代表的是整个神山村和所有井冈山已经脱贫的老百姓，你要明白自己去北京是为了什么。"

左香云握着老父亲的手说："爸爸，您放心，我一定把井冈山率先脱贫、神山百姓的日子越过越甜的好消息带到北京，并亲口告诉全国人民。"

在全国"两会"间隙，全国人大代表、茅坪乡神山村村民左香云第一时间跟老父亲分享喜悦而激动的心情

茅坪乡神山村村民左香云发展竹制品加工，让村里的毛竹变成帮助村民增收脱贫的绿色银行

2018 年 3 月 5 日上午 8 时，十三届全国人大一次会议举行首场"代表通道"集中采访。左香云在直播现场接受各国记者的采访，他激动地讲述了神山村脱贫的故事。

现在的神山村，进出大山的路变得越来越宽，村民的致富路越走越顺畅。村里充分利用自然资源，发展农村旅游业，帮助农民不断增收。走在神山村的路上，路的一侧随处可见农家菜馆，不远处的山上是黄桃林，中间的山洼变为茶园。2016 年接待游客 10 万人次，2017 年游客数量达到 22 万人次。随着旅游人数的翻番，老百姓的收入也翻番了。

"作为全国人大代表和神山村乡村旅游协会会长，首先我要有致富的本领，如果我自己都致不了富，我就不能带着村民们致富，这两件事得一起做。"

"在我们神山村，有一面笑脸墙，它是由全村 27 户贫困户脱贫后的笑脸组成的一个大大的爱心形状，它也可以说是我们国家千百万摆脱贫困的农村人口集体表情的一个缩影。"

"糍粑越打越粘，日子越过越甜"——这是左香云代表井冈山人民吐露的最真切的心声。

2018 年 7 月 23 日，有"井冈山精神宣讲第一人"之称的毛秉华逝世，享年 90 岁。他有一个心愿就是让更多的外国友人也能了解井冈山，领悟井冈山精神，并且让井冈山精神成为一种让世界共享的国际精神。

最让毛老感到欣慰的是，他的孙子毛浩夫从英国赫尔大学研究生毕业后，毅然选择回到井冈山，继承了爷爷宣传井冈山精神的"衣钵"。在井冈山景区和脱贫攻坚现场，我们时常可以看到这个操着流利英语向外国朋友讲解井冈山红色历史和脱贫故事的帅小伙儿。

接过祖父"井冈山精神宣讲第一人"毛秉华的接力棒，孙子毛浩夫从英国留学毕业后，
毅然选择回到井冈山，继续宣讲井冈山精神

毛浩夫在爷爷毛秉华生前一同拜访红一师部队，深入学习红色历史

毛浩夫在爷爷毛秉华生前一同参观平江起义⁊团史馆，收集红色历史资料

井冈新气象，世界新目光。井冈山率先脱贫后，前来学习交流的国内考察团、外国使团和记者采访团达到 600 多批次，这也为其他地区和国家打赢脱贫攻坚战提供了"井冈山经验"。

2018 年 11 月 7 日，非洲国家驻华使节团来到井冈山。

当天一大早，使节团前往黄洋界、大井、小井、茨坪毛泽东故居、井冈山革命博物馆，实地考察了解了神山村脱贫致富的情况，晚上观看了大型实景演出《井冈山》。在参观过程中，使节们为当年中国革命所走过的艰难道路所震撼，特别是对中国革命的胜利道路有了更深的理解。

在参观了神山村后，代表团团长、马达加斯加驻华大使维克托·希科尼纳表示，非洲是这个世界上贫困人口最多的地方，神山村的脱贫，使他深刻地认识到，地方百姓脱贫，离不开党和国家的统一部署，也离不开当地百姓自强不息的奋斗、拼搏。他说："在神山村的脱贫经验中，提到用三种不同颜色的卡片来区分不同贫困程度的百姓，这一点非常值得借鉴和学习。尤其是有标记可能返贫的群体，这是很值得重视的群体，在很多国家脱贫攻坚战中，很多脱贫成功之后的百姓，没有了国家和地方政府的帮助，有可能会产生惰性，致使出现返贫现象。贫困的问题是需要久久为功的，时刻保持警惕。中国在这一点上，是最值得我们学习的。"

喀麦隆驻华大使马丁·姆巴纳看到村民虽生活在大山深处，可他们每个人脸上洋溢着幸福的笑容，感慨道："非常高兴能够让我们来到井冈山进行考察。他们每个人用自己的双手创造财富，自给自足，这种精神很值得学习。"

从 1951 年第一个外国人费德林骑马上井冈山考察红色历史，到现在一批又一批的外国友人坐飞机来到井冈山考察脱贫经验，历史的车轮总是在人们对美好愿景的奋斗、追求中滚滚向前。

井冈山在国家和江西省精准扶贫的大环境支持下，把产业、安居、保障以及基础设施建设作为扶贫"四大关键"，创造性地运用"政府主导、干部帮扶、群众主体""五个起来""四卡合一、三表公开""三扶、三不扶"等鲜活的脱贫工作法，最终使全市城乡面貌发生了巨大改变，把贫困发生率降至 1.6%。并建立"产业为根、立志为本、机制为要"的脱贫长效体制，巩固脱贫成果，确保可持续脱贫。充分用活进退机制，让新产生的贫困户随时能进来，让符合条件的脱贫户及时出得去，形成一种良性循环，并实行精准动态管理，确保贫困户不返贫，贫困率不升高。

"天下顺治在民富。"消除贫困，不仅是所有人梦寐以求的愿景，更是当今世界面临最大的全球性挑战。唯有摆脱贫困，才能安心发展，才能真正实现"全民奔小康"的美好图景。

井冈山在全国率先实现脱贫"摘帽"，被评为 2017 年中国十大新闻。井冈山用改革思维和创新办法推进精准脱贫的工作法，被评为 2017 年中国改革年度十大典型案例，并荣获全国脱贫攻坚组织创新奖。2018 年，井冈山"以改革思维和创新办法推进精准脱贫"案例入选改革开放 40 年地方改革创新 40 案例。在全国扶贫攻坚的关键节点上，脱贫攻坚的"井冈道路"，为全国、全世界的扶贫攻坚事业探索了路径，增强了信心，树立了标杆，开阔了视野，提供了借鉴，为中国倡导的"一带一路"构想和"人类命运共同体"建设输出了"井冈智慧"。

亚非拉纪检学习班
学习考察井冈山脱
贫之路

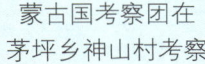

蒙古国考察团在
茅坪乡神山村考察

国际减贫研修班
走进井冈山

井冈山"胜利的号角"雕塑

2019 年中国农历新年，央视春晚首次在井冈山设立分会场，意气风发奔小康的井冈山用大气磅礴、美轮美奂的演出为全国、全世界奉献了璀璨夺目的"井冈气韵"，为 2019 年的央视春晚舞台挥洒出一抹耀眼的"井冈色彩"，让世界看到了魅力四射的井冈山，让跨越时空的井冈山精神在绚丽的舞台上放射出新时代的熠熠光芒。

"我们走得再远，都不能忘记来时的路"。井冈山，从一条崎岖小道上走来，正沿着新时代中国特色社会主义道路胜利前进。

EPILOGUE

让历史照见未来

人类文明发展至今，贫困，仍是一个世界性难题。作为一个有着近 14 亿人口的国家，中国的重大问题，必定同时也是世界的重大问题。

所以，在反贫困上，世界在看中国。

每一种文明都有自身的特点，都有属于自己的美，都会有自己解决问题的方案。费孝通提出的"各美其美，美人之美，美美与共，天下大同"，言简意赅，非常贴切。在世界反贫困大业中，中国应该发出也一直在发出属于自己的声音。

井冈山的脱贫故事，发出的就是这样一种声音。井冈山率先在全国脱贫摘帽，井冈扶贫故事的精彩纷呈，是中国脱贫攻坚的缩影。

故事已成为历史，还在继续的故事正在创造新的历史。

历史，可以证明过去，可以标注现在，更可以照见未来。井冈山的脱贫史致富史，让我们有理由相信未来！相信井冈山！相信中国！

本书编写组

2019 年 9 月